Das Welpen-Versteh-Buch

Benita Sommerfelt

Mein erster Hund Verlag

Druck: Amazon Deutschland oder Partner

Der Druck erfolgt in chlorfreier Tinte und das säurefreie Papier für den Innenteil des Buches wird von einem Anbieter mit Forest Stewardship Council-Zertifizierung bezogen. Alle Abfälle, die beim Drucken entstehen und sich im Büroalltag anfallen, werden ordentlich recycelt und verwertet. Zudem werden in der Zukunft weiterhin Prozesse stattfinden, um die Umweltfreundlichkeit zu versichern. Damit verpflichtet sich der Druckpartner Amazon und seine Partner dazu, seinen Teil zum Umweltschutz beizutragen.

Unser Verlag verzichtet zudem auf überflüssigen Schriftverkehr und wickelt alle Prozesse digital ab. Dies spart Ressourcen und schont die Umwelt!

ISBN: 978-3-9823188-2-0

Das Welpen-Versteh-Buch

Liebevolle und konsequente Welpenerziehung für entspannten Alltag und vertrauensvolle Bindung

Benita Sommerfelt

Aus Liebe zur Umwelt verzichten wir auf viele Fotos & Farbdruck.

Inhalt

1.

Was dein Welpe braucht, ... und was nicht

Zu jedem Welpen gehört eine Grundausrüstung verschiedenster Dinge, die sein Leben angenehm und sicher machen.

Tu dir und deinem Welpen einen Gefallen und kaufe die Ausrüstung in einem Fachgeschäft. Sieh dir den Laden vorher an, haben die Verkäufer dort nur Euros in den Augen, lass es sein. Such dir ein Geschäft, in dem man dich sachkundig berät und das Wohl deines Tieres im Blick hat. Das erkennst du zum Beispiel daran, dass man dir nicht ausschließlich teures Zeug vorstellt, sondern der Verkäufer auf eine Leiter steigt, um dir von ganz oben aus der hintersten Regalecke genau die für deinen Welpen passende Transportbox hervorangelt.

Halsband und Geschirr

Halsband oder Geschirr sind ein Muss für jeden Hund. In Kombination mit einer Leine kannst du deinen Vierbeiner in deiner Nähe halten. Gerade Welpen, die noch nicht ausgebildet sind, würden unkontrolliert auf Entdeckungsreise gehen oder sich in Gefahrensituationen bringen. Vom einfachen „Da riecht es gut, da muss ich hin!“, bis „Ich lauf dann mal vor die Straßenbahn!“ ist alles möglich.

Halsband

Ein Halsband hat dein Welpe eventuell vom Züchter mitbekommen. Passt es gut, ist es breit genug, scheuert nicht und hat keine scharfen Kanten, kann er es weiterhin tragen. Achte vor allem darauf, dass es mindestens so breit ist wie der Nasenschwamm deines Welpen. Das ist ein Richtwert, damit es den Druck gut auf dem Hundehals verteilt.

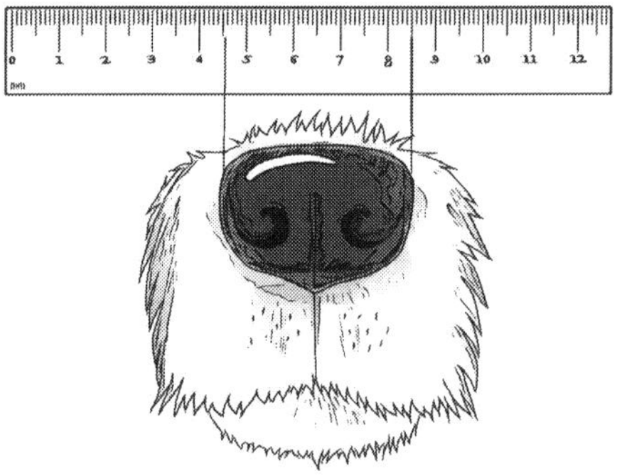

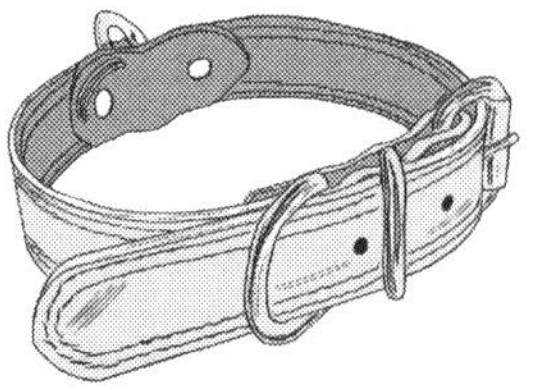

Das Angebot an Halsbändern ist riesig. Du hast die Wahl zwischen verschiedenen Materialien, Farben, Mustern und Größen. Praktisch für einen Welpen ist eines, das du in der Länge verstellen kannst. Das wächst mit und du brauchst nicht ständig ein neues zu kaufen. Du hast die richtige Länge eingestellt, wenn du deinen Zeigefinger zwischen Halsband und Hundehals schieben kannst. Für einen Welpen einer großen Rasse muss das Halsband entsprechend stabil sein. Gefüttertes (Kunst-)Leder, Nylon oder Paracord mit Metallverschlüssen sind für Labrador, Golden Retriever, Malinois und Co. perfekt. Für einen kleinen Yorkie, Malteser oder Chihuahua genügt ein weiches Textilband mit Plastikverschluss. Nylon und auch Paracord verschmutzen nicht so schnell bzw. lassen sich gut reinigen. Daran solltest du denken, wenn ihr bei jedem Wetter draußen im Gelände unterwegs seid oder deine Fellnase eine Schwäche für nasse, matschige Ecken hat.

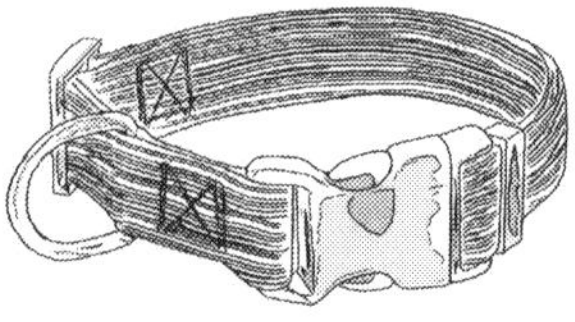

Einige Hunde reagieren allergisch auf bestimmte Materialien. Zeigen sich kahle Stellen im Fell oder rötet sich die Haut im Bereich des Halses, ist das ein sicheres Zeichen. Dann ist ein Halsbandwechsel dringend notwendig.

Der Ring, an dem die Leine befestigt wird, sollte möglichst groß sein. Dann kannst du deinen Welpen sicher ohne viel Gefummel anleinen, selbst wenn es schnell gehen muss.

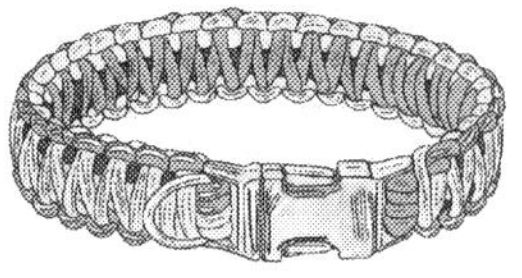

Mit einem Halsband, das über ein GPS-System verfügt, kannst du deinen Vierbeiner orten, falls er auf eigene Faust unterwegs ist. Da GPS-Halsbänder relativ teuer sind, empfehlen sie sich erst für einen ausgewachsenen Hund.

Es versteht sich von selbst, dass Stachelhalsbänder, Würger oder sogenannte Erziehungshalsbänder mit Strom, Gas usw. absolut nicht geeignet sind und in die Mülltonne gehören.

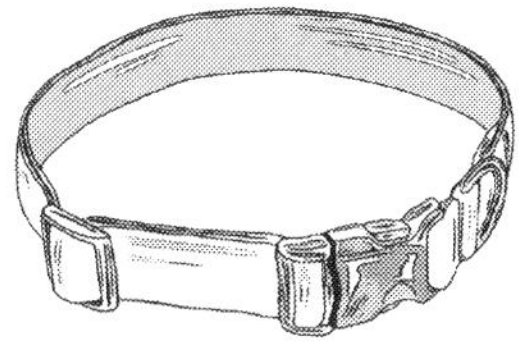

Ganz dünne Halsbänder und Leinen können ausgebildete Hunde zu Showzwecken oder auf Ausstellungen im Ring für kurze Zeit tragen, Welpen nie.

Hast du einen Hund mit extrem kurzer Nase, wie einen Mops oder eine Englische oder Französische Bulldogge, solltest du auf ein Halsband verzichten und ein Brustgeschirr verwenden. Diese Tiere haben häufig Atemprobleme, die ein Halsband noch verschlimmern kann. Es kann so weit gehen, dass dein Hund epileptische Anfälle bekommt.

Ein Halsband darfst du nie mit einer Schleppleine oder einer Flexileine kombinieren. Dein Welpe hat Spaß am Herumtollen und Laufen. Prescht er plötzlich fünf bis zehn Meter nach vorn, gibt das einen ordentlichen Ruck und mit Halsband kann er sich erheblich verletzen.

Geschirr

Auch hier gibt es unendlich viele Formen, Materialien und Größen. Wichtig ist, dass das Geschirr gut sitzt und nirgends scheuert. Für Material und Größe gilt das Gleiche wie bei den Halsbändern.

Am einfachsten ist ein Norwegergeschirr. Es lässt sich leicht an- und ausziehen und hat meistens auf dem Hunderücken einen „Notgriff". Damit lässt sich dein kleiner Racker in kritischen Situationen leichter und schonender händeln, als mit der Leine.

Bei kleinen Hunden schwebt der Bauch mit dem Geschirr nur wenige Zentimeter über dem Boden. Ist das Gras nass vom Regen oder Tau, saugt sich das Gewebe des Geschirrs schnell voll und der Welpenbauch

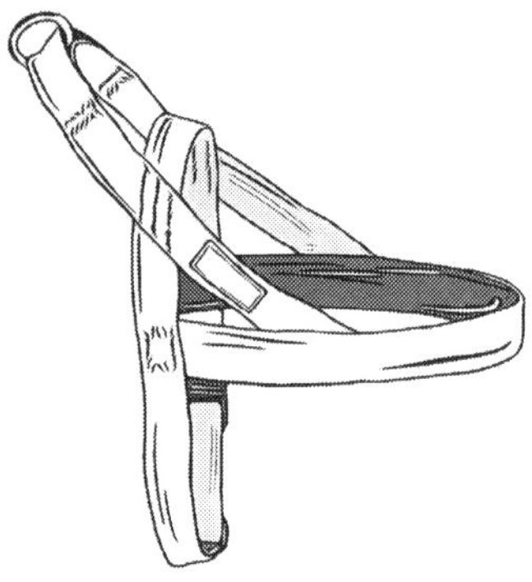

ist nass und kalt. Das ist unangenehm für den Kleinen und er kann sich leicht erkälten. Geschirre mit viel Textil oder anderem Gewebe an der Brust und unter dem Bauch solltest du daher meiden, einfache Gurte reichen aus.

Geschirre sind für Rassen mit vielen und langen Haaren oft ungeeignet, weil sich das üppige Fell in den Schnallen oder unter den Gurten verklemmen kann. Das tut deinem Welpen weh und er wird das Geschirr meiden.

So begeisterst du deinen Welpen von Halsband oder Geschirr

Ein guter Züchter hat die Kleinen schon vor der Abgabe an das Tragen dieses merkwürdigen, unbequemen Dinges gewöhnt. Falls nicht, legst du deinem Welpen sein Halsband / Geschirr zum Kennenlernen erst nur kurz an. Zu Anfang genügt es, wenn du die Schnalle schließt und sofort wieder öffnest. Vorher lässt du ihn dieses Teil ausgiebig beschnüffeln. In der nächsten Übungseinheit wartest du ein paar Sekunden, bevor du es wieder abnimmst. Lobe ihn, wenn er es trägt, du hast einen ganz tollen Hund! Verlängere die Zeit, die der Welpe das Halsband / Geschirr trägt, langsam und schrittweise. Wahrscheinlich wird er sich anfangs etwas unwohl damit fühlen. Von Halsbändern / Geschirren scheint ein ungeheurer Juckreiz auszugehen. Die meisten Welpen scheuern und kratzen sich ausgiebig, wenn sie diese Dinger umhaben. Du kannst ihm dieses fürchterliche Halsband / Geschirr versüßen.

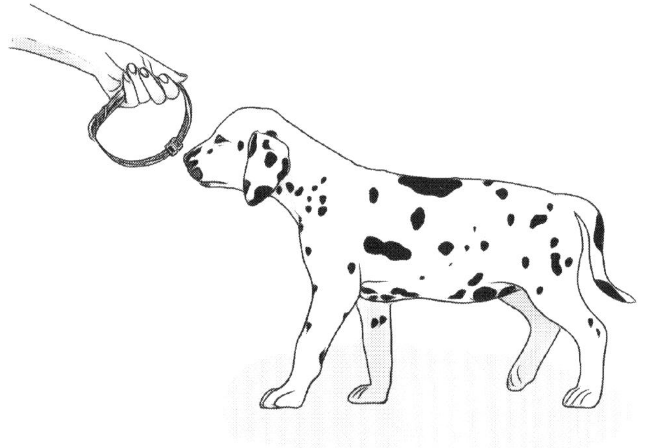

Lenk ihn ab, wenn er es trägt, kuschelt beide zusammen, spielt sein Lieblingsspiel oder gib ihm sein Futter. Schon bald wird dein Welpe sein Halsband / Geschirr gern anziehen, weil er damit etwas Angenehmes verbindet. Die Leine kommt erst dazu, wenn er sich an das Halsband / Geschirr gewöhnt hat.

Brustgeschirr anlegen, Schritt für Schritt

Am einfachsten geht das bei einem Norwegergeschirr. Dein Welpe steckt den Kopf durch und du schließt den Gurt unter dem Bauch. Den Welpenkopf bekommst du leicht mit einem Leckerchen durch das Geschirr. Lass deinen Welpen ein paarmal nur den Kopf durchstecken und belohne ihn jedes Mal. Mach ein tolles, spannendes Spiel aus der Übung. Welpen sind furchtbar neugierig und lassen sich schnell begeistern. Voraussetzung ist natürlich, dass auch du begeistert bist. Du kannst keine Begeisterung und Freude übertragen, wenn du ernst oder traurig bist. Freu dich mit deinem Welpen, wenn ihr es geschafft habt.

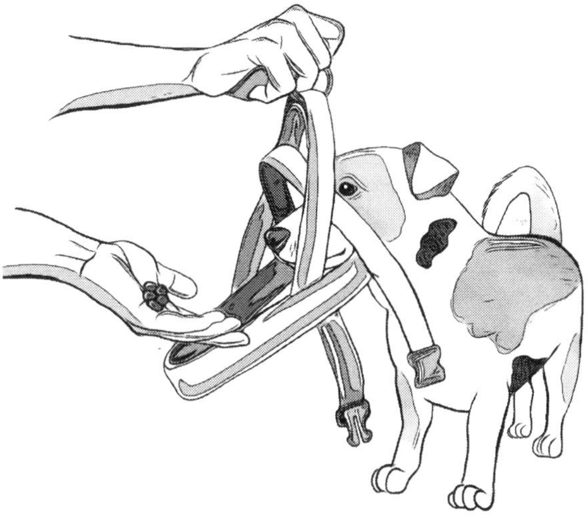

Bei anderen Geschirren läuft jeweils ein Gurt zwischen den Vorderbeinen unter dem Bauch entlang und ein Gurt auf dem Rücken. Auch hier muss deine Fellnase den Kopf durchstecken. Den oberen Gurt, das ist der mit dem Ring zum Einhaken der Leine, schiebst du auf den Welpenrücken. Hat das Geschirr zwei Schallen (auf jeder Seite eine), fädelst du den unteren Gurt durch die Vorderbeine und klickst die Schnallen auf beiden Seiten zu.

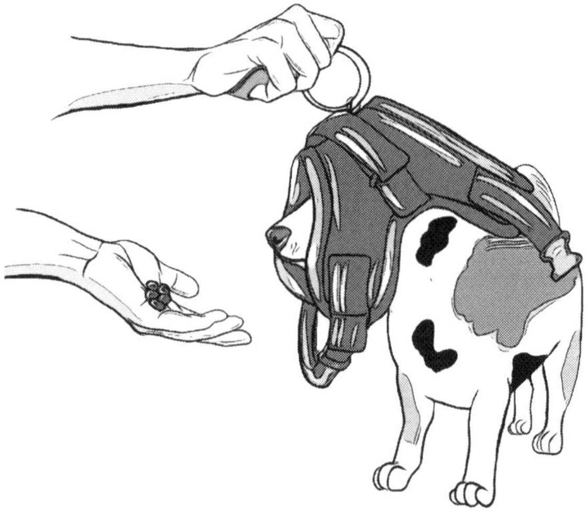

Bei der Variante mit einer Schnalle muss dein Welpe noch einen Fuß, meistens ist es der rechte, durch die entsprechende Schlaufe stecken. Das lernt er schnell, siehe oben. Dann kannst du die Schnalle schließen.

Halsband oder Geschirr?

Am besten ist es, wenn dein Kleiner mit beiden Teilen gut zurechtkommt. Dann kannst du je nach Situation entscheiden, was er tragen soll. Ein Halsband ist einfacher anzulegen. Der Nachteil ist, dass gerade bei stürmischen, jungen Hunden der Druck auf den noch sehr empfindlichen Hals enorm sein kann. Er kann sich schwere Verletzungen am Kehlkopf, der Schilddrüse oder den Halswirbeln zuziehen. Bei einem Halsband besteht immer die Gefahr, dass dein Wildfang sich mit einem gekonnten Kopfschütteln davon befreit. Hat das erst einmal geklappt, haben die meisten Hunde den Dreh schnell heraus und es gibt kein Halten mehr. Dummerweise passiert so etwas immer dann, wenn es gerade gar nicht passt, wenn ein Auto, Radfahrer oder Jogger kommt. Ein ausgebildeter, leinenführiger Hund kann gut an einem Halsband laufen. Im Freilauf behindert es ihn nicht so wie ein Geschirr, eventuell kannst du es sogar ganz abnehmen. Falls ihr dann doch einen Jogger oder andere Hunde trefft, ist das Halsband schnell angelegt.

Im Geschirr ist dein Hund sicher aufbewahrt. Der Leinendruck wird großflächig auf den Brustbereich verteilt. In Extremsituationen (Panik), kann er sich auch aus dem Geschirr winden, das kommt sehr selten vor. Gerade einen jungen, unerfahrenen Hund kannst du im Geschirr besser und hundeschonender händeln, als durch hektisches Gezerre an Leine und Halsband. Leider sieht man häufig folgende Szene: Der Welpe findet eine interessant riechende Ecke, die er genauer untersuchen möchte. Sein Mensch hat es eilig und will weitergehen. Auf Rufen reagiert der Kleine nicht, (Das kann er noch nicht, damit ist er noch überfordert.) also wird mal eben an der Leine gezogen. Glücklich ist jetzt der Welpe, der ein Geschirr trägt und nicht mit dem Halsband halb stranguliert wird.

Stehst du vor obigem Problem, und das wirst du früher oder später mit Sicherheit, hast du zwei Möglichkeiten. Entweder führst du deinen Welpen sanft am Notgriff des Geschirrs von der verführerischen Duftquelle oder du nimmst ihn kommentarlos auf den Arm und trägst ihn aus dem Bereich. Ist dein Racker etwas älter und hat schon Anfänge einer Ausbildung genossen, kannst du ihn mit guten Leckerchen aus der Situation rufen.

An ein Geschirr kannst du für etwas mehr Freiraum oder später für Übungen zum Rückruf eine Flexileine oder Schleppleine befestigen.

Auch wenn du dich für ein Geschirr entscheidest, sollte dein Welpe trotzdem ein Halsband kennenlernen. Es kann passieren, dass das Geschirr unterwegs reißt. Das passiert meistens an viel befahrenen Straßen. Dann kannst du aus der Leine ein behelfsmäßiges Halsband basteln, damit ihr sicher nach Hause kommt.

Trägt dein Vierbeiner ein reflektierendes Halsband oder Geschirr, sehen ihn andere Verkehrsteilnehmer im Dunkeln besser. Möglich ist auch ein selbstständig leuchtendes Leuchthalsband. Diese Leuchtbänder sind zweckmäßig, um deinen Hund in der Dunkelheit zu sehen, stabil sind sie nicht. Du kannst sie deinem Welpen zusätzlich zu seinem normalen Halsband / Geschirr anlegen.

An das Halsband / Geschirr gehören die Hundemarke, die Impfmarke und eventuell eine Adresshülse. Alternativ kannst du mit einem wasserfesten Stift deine Telefonnummer hinten auf die Impfmarke schreiben. Manche Hunde mögen so viel Geklimper an ihrem Halsband nicht. Sie fühlen sich dann deutlich unsicher und versuchen das Halsband / Geschirr zu meiden. Ist das der Fall, solltest du die Marken entfernen und in deiner Brieftasche o. ä. aufbewahren. Dort hast du sie bei Bedarf griffbereit zur Hand.

Leine

In dem breiten Sortiment findest du für jeden Zweck die richtige Leine. Sie variieren in Länge und Material. Wenn du eine Leine, egal welche, kaufen möchtest, sieh dir unbedingt den Karabinerhaken genau an. Er bzw. die Stelle, an der er an der Leine befestigt ist, sind die Schwachstellen jeder Hundeleine. Die Leine selbst zerreißt extrem selten, meistens zerbricht der Karabinerhaken. Zur Sicherheit solltest du Haken aus Metall bevorzugen. Nur bei wirklich winzig kleinen Welpen, Chihuahua, Papillon, Yorkie, Mini Yorkie und wie sie alle heißen, könnte ein Plastikhaken ausreichen.

Die normale (kurze) Leine

Sie ist zwischen einem und eineinhalb Meter lang, ideal für Spaziergänge in der Stadt und überall dort, wo viele Menschen oder Autos unterwegs sind. Eine kurze Leine gehört zur Grundausrüstung. Es gibt sie in Leder, Textil, Nylon oder Paracord. Am schwersten sind Lederleinen. Sie eignen sich ausschließlich für größere Welpen, die einmal stattliche Hunde werden wollen. Sie werden noch schwerer, wenn sie nass sind, zudem sind sie im nassen Zustand rutschig und dein kleines Energiebündel kann sie dir leicht aus der Hand reißen. In der Pflege sind Leinen aus Leder am aufwändigsten. Du musst sie regelmäßig fetten, sonst werden sie spröde und brechen.

Leinen aus Nylon oder Paracord sind leicht und brauchen kaum Pflege. Textilleinen kannst du bei Bedarf in ein Handtuch gewickelt in die Waschmaschine geben. Das Handtuch deshalb, weil sonst der Karabinerhaken die Trommel beschädigen könnte.

Flexi- oder Rollleine

Mit einer Flexileine kannst du deinem Welpen etwas mehr Bewegungsfreiheit verschaffen.

Leider wird er damit nie lernen, entspannt an lockerer Leine neben dir zu gehen.

Eine Flexileine steht ständig unter Zug, sie kann nie durchhängen, wie eine normale Leine. Es wird permanent Druck auf den noch im Wachstum befindlichen Welpenhals ausgeübt. Mit einem Geschirr verteilt sich der Druck auf eine größere Fläche, das Problem bleibt leider bestehen. Dein Welpe kommt zu dem Schluss: Aha, an Leinen muss ich ziehen.

Schleppleine

Eine Schleppleine ist eine lange Leine von fünf bis zehn Metern, manchmal noch länger. Für junge Welpen brauchst du so etwas nicht, sie wäre viel zu schwer für so ein Kerlchen. Erst wenn der Welpe älter wird und du mit ihm den Rückruf im Gelände üben möchtest, leistet eine Schleppleine gute Dienste. Für kleine Rassen muss sie nicht so lang sein. Hier kannst du mit ein paar Metern Wäscheleine improvisieren.

Jäger verwenden Schleppleinen für ihre Hunde, wenn sie Wildfährten oder angeschossenes Wild verfolgen.

Hundesportler arbeiten beim Fährten (Hundesportart) mit Schleppleinen.

Rettungshunde werden im Training und teilweise bei der realen Suche nach vermissten Personen ebenfalls an Schleppleinen geführt.

Futter- & Wassernapf

Der Futter- bzw. Wassernapf sollte zur Größe deines Welpen passen. Das Material ist Geschmacksache, wichtig ist, dass die Näpfe standsicher und rutschfest sind.

Ein Futternapf pro Welpe genügt, Wassernäpfe muss er mehrere haben. Rechne für jeden Raum einen Napf. Hat dein Hund Zugang zum Garten oder Hof, muss auch dort ein Wassernapf stehen. Frisches Wasser ist nicht nur im Sommer, ebenso im Winter bei trockener Heizungsluft, wichtig für deine Fellnase.

Zu deinen Pflichten als Welpenmama / -papa gehört es, Futter- und Wassernäpfe täglich zu reinigen und mit frischem Futter / Wasser zu füllen.

Körbchen, Bettchen & Hütte der ideale Schlafplatz

Dein Welpe muss sich bei Bedarf zurückziehen können. Welpen schlafen noch viel und möchten dabei ebenso wenig gestört werden wie du. Sein Körbchen gehört in eine ruhige Ecke der Wohnung. Gern kannst du mehrere Körbchen verteilen. Sinnvoll ist eines in der Küche bzw. im Esszimmer. Dort hat dein Racker es bequem und ist nicht ausgeschlossen, wenn du mit deiner Familie beim Essen bist. Am Tisch hat dein Welpe generell nichts verloren. Im Schlafzimmer findet der Kleine eine kuschlige Schlafecke allein für sich bestimmt toll. So ist er nachts in deiner Nähe.

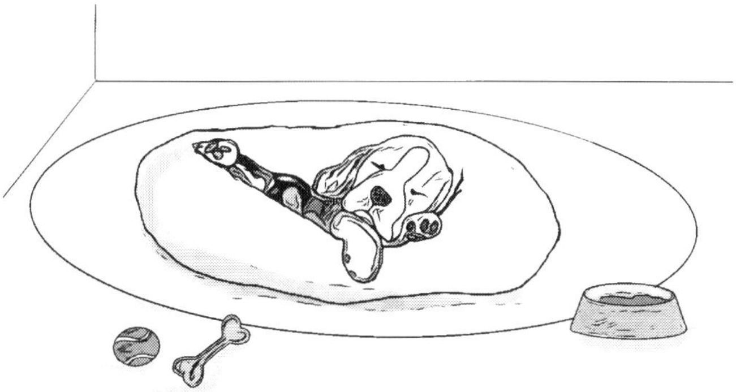

Hunde, die Freigang zum Garten haben, bzw. sich teilweise draußen aufhalten, brauchen dort einen wettergeschützten Platz. Hier leistet eine Hundehütte nach wie vor gute Dienste.

Selbstverständlich muss die Größe des Körbchens zum Hund passen. Daneben solltest du darauf achten, dass du den Bezug abziehen und Waschen kannst. Kommt dein Welpe schmutzig oder nass nach Hause, legst du eine Decke ins Körbchen, bevor er sich hineinlegt. Die Decke trocknet schneller und lässt sich besser Waschen als das Körbchen.

Mit den im Handel angebotenen Kühldecken solltest du bei Welpen vorsichtig sein. Die Kleinen können damit wirklich sehr schnell unterkühlen.

Bürsten und Kämme

Im Handel bekommst du entsprechende Hundebürsten und Kämme. Für Welpen solltest du dir extra weiche Bürsten aussuchen. Welpen reagieren empfindlich, und haben sie erst gelernt, Bürste = Ziepen und tut weh, hast du ein Hundeleben lang verloren. Gewöhne deinen Welpen langsam und vorsichtig an die Fellpflege. Bei kurzhaarigen Rassen genügt es zu bürsten, wenn das Fell verschmutzt ist. Bei langhaarigen Exemplaren musst du meistens im Fellwechsel und bei Bedarf bürsten. Rassen mit üppigem Fell (Bobtail, Bearded Collie) erfordern einen hohen Pflegeaufwand und häufiges Bürsten und Kämmen, sonst verfilzen die Haare.

Shampoo

Baden braucht dein Hund nur in seltenen Ausnahmefällen. Welpen sind keine Menschenbabys, die täglich in die Wanne müssen. Im Gegenteil, das Baden schadet ihrem Fell und ihrer Haut. Hundehaare sind von Natur aus mit einer Fettschicht versehen. Das macht das Fell dicht, warm und wetterfest. Es lässt keine Nässe an die Hundehaut. Schau dir deinen Welpen nach dem nächsten Spaziergang im Regen genau an. Die Haare formen sich zu Dachziegeln, die das Wasser an der Seite herunterlaufen lassen. Die Haut darunter bleibt trocken. Dieses natürliche Regendach zerstörst du mit dem Shampoo.

Lass Modder und Dreck am Hund trocknen. Beschäftige ihn so lange in einem Raum mit unempfindlichem Fußboden oder leg eine Decke unter. Meistens fällt der Schmutz von allein aus dem Fell, wenn es trocken ist. Falls nicht, bürstest du es trocken aus.

Scheren und Trimmen brauchst du deinen Welpen noch nicht. Dazu muss er ein bestimmtes, rasseabhängiges Alter erreicht haben.

Transportbox

In einer Transportbox ist dein Welpe im Auto gesichert und du hast Ruhe zum Fahren. Bei einem Unfall kann er nicht quer durchs Auto geschleudert werden.

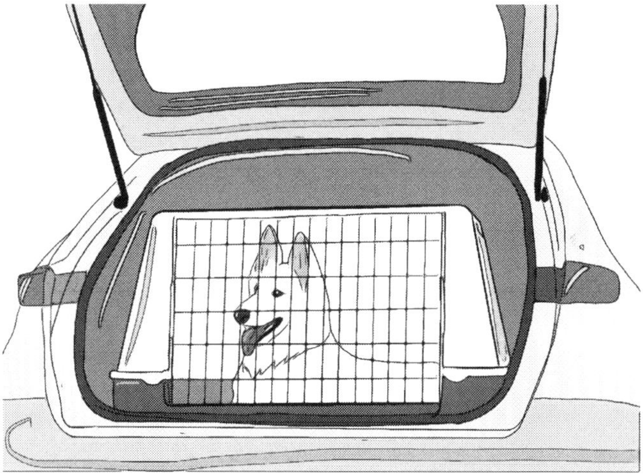

Stoffboxen haben ein geringes Gewicht, sie haben den Nachteil, dass sie viele geschlossene Flächen haben. Im Sommer kann es darin für deine Fellnase zu warm werden. Einen längeren Aufenthalt in der Box findet dein Welpe langweilig. Er hat Zähne und Krallen, mit denen er sich beschäftigen kann. Für eine Textilbox endet das eventuell mit einem Totalschaden.

Besser sind Gitterboxen. Sie sind luftig und stabil, auch größere Hunde sind sicher darin untergebracht. Wenn es zu kalt ist, legst du eine

Decke darüber. Eine leichte Decke oder ein feuchtes Handtuch schattiert im Sommer bei zu viel Sonne.

Gestalte deinem Welpen den „Boxenstopp“ mit einer weichen Decke, einem Leckerchen, an dem er längere Zeit kauen kann, oder einem Kauspielzeug angenehmer.

Spielzeug

Überhäufe deinen Vierbeiner zu Anfang nicht mit Spielzeug. Kaufe ein, zwei Bälle, etwas zum Zerren und Spielies zum Draufrumkauen. Toll finden die Kleinen alte Handtücher, in die du einen Knoten machst oder eine alte Socke mit einem Knoten darin.

Dein Welpe wird dir sagen, welches Spielzeug er bevorzugt, wovon er Nachschub haben möchte. Da gibt es die Jäger, die es lieben hinter allem und jedem hinterherzupreschen. Ein Jäger braucht Bälle, Frisbees und alles, was zu werfen geht. Zerrer lieben Zerrspiele über alles. Achte darauf, dass eure Zerrspielies weich sind und die empfindlichen Welpenzähnchen nicht beschädigen.

Um den fünften Lebensmonat herum kommt dein Junghund in den Zahnwechsel. Um die Milchzähne loszuwerden, kaut er an allem, was er erreichen kann. Sorge in dieser Zeit für genügend Kauspielzeug. Das schont deine Möbelbeine und Schuhe.

Ob die Spielies quietschen oder nicht, hängt von deinem Welpen und von deinen Nerven ab. Die meisten Welpen lieben das Gequietsche, manchen, meistens sind es unsichere, schüchterne Welpen, ist es unheimlich und sie meiden quietschendes Spielzeug. Dein Racker wird sich hauptsächlich mit dem neuen, quietschenden Teil beschäftigen. Halten deine Nerven zwanzig Minuten Dauerquietschen aus? Danach hat entweder die Quietsche den Geist aufgegeben oder dein Welpe die Lust verloren.

Hundeapotheke

Falls trotz aller Vorsicht doch etwas passiert, hast du in der Hundeapotheke alles griffbereit, was du zur Erstversorgung deines Vierbeiners brauchst.

Die Hundeapotheke ersetzt nicht den Weg zum Tierarzt.

In deine Hundeapotheke gehören:

- Pinzette

- Zeckenzange
- Flohkamm
- Schere, um Fell um eine Wunde abzuschneiden
- Verbandsschere

- Fieberthermometer
- Verbandszeug, Mullbinden, Watte

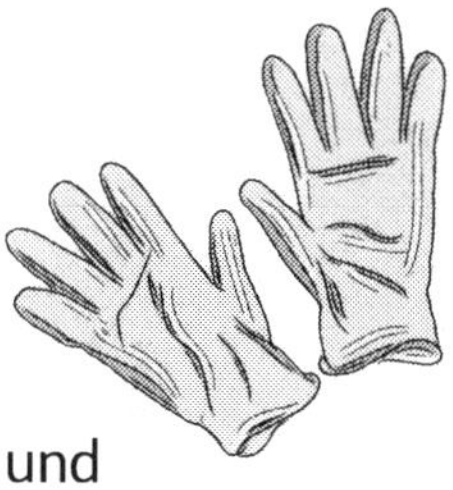

- Pflaster zum Fixieren von Verbänden
- Hundeschuh oder Kindersocke, um Verbände an Pfote und Beinen zu fixieren

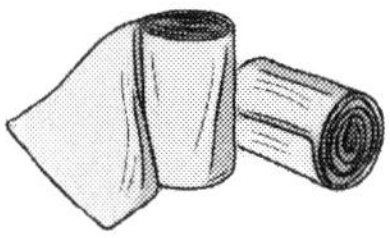

- Einweghandschuhe
- OP-Kragen
  (Welpenzähnchen haben an Verbänden nichts zu suchen)
- antiseptisches Spray
- Wattestäbchen, um eine Wunde zu säubern
- Heilsalbe für nicht mehr blutende Wunden
- Mittel gegen Durchfall

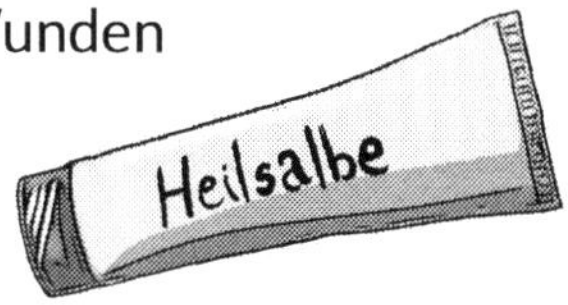

- Notfalltropfen, helfen bei Schockzuständen

Die Medikamente dürfen das Mindesthaltbarkeitsdatum noch nicht überschritten haben, sonst musst du sie auswechseln.

Welpentoilette

Eine Welpentoilette ist nicht zwingend notwendig, kann dir und deinem Welpen in der ersten Zeit aber durchaus das Leben leichter machen. In den ersten Wochen kann dein Welpe seine Schließmuskeln noch nicht kontrollieren. Wenn er ein Bedürfnis signalisiert, muss es schnell gehen. Hast du eine Wohnung mit Garten oder im Erdgeschoss, schafft ihr es nach draußen. Was aber, wenn die Wohnung im fünften Stock liegt?

Trotz Welpentoilette darfst du keine Gassirunde auslassen. Sie ist eine Notlösung, dein Welpe soll lernen, sein Geschäft draußen zu verrichten.

Im Prinzip funktioniert eine Welpentoilette wie eine Katzentoilette. In einer flachen Plastikschale befinden sich entweder flüssigkeitsaufsaugende Pads, Kunstrasen oder echter Rasen. Die Pads und den Rasen musst du nach Bedarf erneuern. Den Kunstrasen kannst du unter fließendem Wasser reinigen und wiederverwenden.

Schutzhöschen für Hündinnen

So ein Schutzhöschen muss deine Hündin nicht unbedingt haben, es geht auch ohne. Das Höschen erspart dir aber eine Menge Putzarbeit.

Kleine Hündinnen werden in einem Alter von sieben bis zehn Monaten das erste Mal läufig. In welchen Abständen sich der Zyklus wiederholt, ist individuell verschieden, zwischen sechs und zwölf Monate ist normal.

In den ersten Tagen der Läufigkeit verliert dein kleines Mädchen Blutstropfen aus der geschwollenen Scheide. Bei einigen Hündinnen ist es kaum zu merken, andere verwandeln sich in dieser Zeit in wandelnde Tropfsteinhöhlen. Damit dein Hundemädchen dir nicht den ganzen Fußboden bekleckert und das Körbchen verschmutzt, gibt es für diese Zeit Läufigkeitshöschen. In das Höschen klebst du Slipeinlagen oder Damenbinden.

Das Höschen ist für die Wohnung gedacht. Draußen will sich deine Hündin lösen, das geht mit Höschen nicht, bzw. ist das Geschäft dann im Höschen und wird unangenehm für den Hund.

2.

Fütterung

In den ersten ein bis zwei Wochen fütterst du deinem kleinen Schützling das gleiche Futter, das er von seinem Züchter gewohnt ist. Die meisten Züchter geben einen Futtervorrat für die ersten Tage mit. Dein Welpe muss sich während dieser Zeit an seine neue Umgebung gewöhnen. Da ist es gut, wenn sich sein sowieso noch empfindlicher Verdauungstrakt nicht noch auf anderes Futter umstellen muss.

Warum braucht mein Welpe besonderes Futter?

Dein Welpe befindet sich im Wachstum. Knochen, Sehnen, Muskulatur, Nervengewebe, das alles wird aufgebaut und ständig erweitert. Dazu kommt, dass sein Magen-Darm-Trakt ebenfalls noch nicht fertig ist. Wachsen ist eine körperliche Leistung für den Welpen. Deshalb braucht er besonders hochwertiges, leicht verdauliches Futter. Es sollte viel Eiweiß, Energie und Mineralstoffe enthalten. Hier sind besonders Kalzium und Phosphor von Bedeutung für das Wachstum der Knochen und Zähne. Bei der Energiemenge ist die richtige Dosis entscheidend. Bekommen die Kleinen zu viel Energie, schießen sie zwar im Wachstum nach vorn, Knochen, Sehnen und Gelenke können aber so schnell nicht mitwachsen und werden überfordert.

In gutem Welpen- und Junghundefutter ist alles enthalten, was dein Welpe braucht. Du brauchst keine extra Futterzusätze, Vitamine u. ä. zugeben. Auf der Verpackung steht der Zusatz Alleinfutter oder Alleinfuttermittel für Welpen (Puppy) oder für Junghunde (Junior). Die Unterscheidung zwischen Welpen- und Junghundefutter ist sinnvoll. Kleine, wenige Wochen alte Welpen haben andere Ansprüche an das Futter als Junghunde im Alter von sechs bis sieben Monaten.

Je nach Rasse dauert es ca. zwölf Monate, bis dein Welpe ausgewachsen ist. Bei kleinen Rassen geht es schneller, bei besonders großen Rassen, wie einer Dogge, dauert es 18 bis 24 Monate, bis sie ausgewachsen sind. Für diese großen Rassen gibt es spezielles Welpenfutter.

Auf die richtige Menge kommt es an

Die meisten Welpen funktionieren wie Staubsauger. Alles, was den Eindruck macht, es könnte eventuell fressbar sein, wird eingesaugt. Das heißt für dich, alles, was von der Größe her ins Schnäuzchen passt, wird weggeräumt, bevor es im Welpenmagen landet. Egal, ob es sich um Bonbonpapier, Schnürsenkel, Plastikstücke oder was auch immer handelt. Dein Welpe kann sich schlimme Verdauungsprobleme zuziehen.

Damit dein kleiner Freund genau die Menge Futter bekommt, die er benötigt, musst du sein Alter und sein Gewicht kennen. Setze ihn wöchentlich auf die Waage, dann kannst du seine Entwicklung nachvollziehen. Bleibt dein kleiner Wirbelwind nicht auf der Waage sitzen, nimmst du ihn auf den Arm. Wiege dich einmal mit dem Welpen und einmal ohne ihn. Die Differenz ist das Gewicht deiner Fellnase.

Das Gewicht allein sagt noch nicht viel aus. Ist es für sein Alter normal, zu wenig oder zu viel? Hier gibt es für die verschiedenen Rassen Referenztabellen. Damit kannst du vergleichen, ob sich dein Welpe normal entwickelt, du etwas bremsen solltest oder ob er zu wenig wiegt. Referenztabellen bekommst du vom Züchter, deinem Tierarzt oder aus dem Internet. Bei Mischlingen kannst du dich an Rassen orientieren, die ungefähr die Größe erreichen wie die Mutter des Kleinen. Wiegt dein Kleiner permanent zu wenig, solltest du ihn zur Sicherheit vom Tierarzt untersuchen lassen. Eventuell ist er krank. Das muss nicht sein, manche Welpen brauchen einfach etwas länger in der Entwicklung.

Auf der Verpackung des Futters ist angegeben, wie viel Futter der Welpe bei einem bestimmten Gewicht bekommen soll. Danach kannst du dich richten. Beachte dabei, ob dein Welpe zu schwer oder zu leicht für sein Alter ist.

Ist er zu schwer, gibst du ihm so viel Futter wie für das normale Gewicht in seinem Alter angegeben ist. Hat er seine Ration gefressen und leckt noch im Napf herum oder schiebt mit dem Napf umher, ist er nicht satt geworden. Damit er nicht hungern muss, mischst du gekochte Möhren oder Kartoffeln unter sein Futter. Damit füllt er sich den Magen, ist satt und zufrieden, hat aber kaum Kalorien zu sich genommen.

Welpen, die überfüttert werden, neigen später zu Übergewicht. Das ist für einen Hund ebenso schädlich wie für Menschen. Skeletterkrankungen, überlastete Bänder, Probleme mit Herz und Kreislauf sind die Folge.

Ganz wichtig ist, dass du nicht vergisst, die täglichen Leckerlis, Knabberchen und Kauknochen in die Ration mit einzurechnen. Da kommt oft einiges an Kalorien zusammen, die musst du vom normalen Welpenfutter abziehen. Überhäufe deinen Welpen nicht damit. Leckerchen gibt es nur, wenn er etwas dafür getan hat, sie sich erarbeitet hat. Das lernt er sehr schnell und wird immer eifrig bei der Sache sein, wenn du dich mit ihm beschäftigst.

Ein weiterer Fehler, der häufig gemacht wird, ist, wenn du deinem Welpen ein „All-You-Can-Eat-Buffet" servierst. Der Fachmann sagt dazu „ad-libitum-Fütterung". Das bedeutet, dein Welpe findet immer einen gefüllten Futternapf vor und kann sich jederzeit bedienen. Das führt zu Überfütterung, abgesehen davon hat Kerlchen keinen Grund mehr mit dir arbeiten zu wollen. Er hat ja alles bequem und reichlich vor der Schnauze.

Wie oft soll ich meinen Welpen füttern?

Welpen, vor allem kleiner Rassen, können nur kleine Futtermengen aufnehmen und richtig verdauen. Wird der Magen mit einer riesigen Portion überfüllt, bekommt dein kleiner Freund große Verdauungsprobleme.

Bis zu einem Alter von sechs Monaten solltest du viermal täglich füttern. Danach genügen dreimal, bis er etwa zwölf Monate alt ist. Erwachsene Hunde bekommen ein bis zwei Portionen, je nach Größe und persönlichen Vorlieben des Vierbeiners.

Gewöhne deinen Welpen an bestimmte Futterzeiten. Dann weiß dein Racker, wann es etwas gibt und bettelt nicht ständig nach Futter. Der Verdauungstrakt stellt sich auf die Zeiten ein und beginnt schon vorsorglich mit der Produktion von Verdauungssäften. Dein Welpe verdaut sein Futter dann leichter und schneller.

Nach dem Fressen und der anschließenden kurzen Gassirunde ist ein Verdauungsschläfchen genau das Richtige für kleine Fellnasen. Kurz nach dem Fressen solltest du ihn nicht zum Toben und Spielen animieren.

Futterumstellung

Manchmal ist es notwendig, dass du das Futter umstellen musst / möchtest. Sei es, weil dein Kleiner das bisherige Futter schlecht verträgt, du anderes Futter geben möchtest, als dein Welpe beim Züchter bekommen hat, du dem Hersteller nicht mehr vertraust oder warum auch immer.

Solange es die Ausnahme bleibt, ist das durchaus möglich. Jeder Futterwechsel bedeutet eine Provokation für den Magen-Darm-Trakt und Stress für deinen Schützling, deshalb solltest du nicht zu häufig wechseln.

Um den Futterwechsel so problemlos wie möglich zu gestalten, ziehst du ihn über einige Tage hin. An den ersten beiden Tagen ersetzt du ungefähr ein Viertel der Futtermenge des alten Futters durch das neue. An Tag drei und vier ersetzt du die Hälfte und an den nächsten beiden Tagen drei Viertel des alten Futters. Ab dem siebten Tag bekommt dein Feinschmecker nur noch das neue Futter.

Während der Zeit der Umstellung solltest du zur Vorsicht auf seinen Stuhlgang achten. Ist er von der Konsistenz normal und dein Welpe setzt ihn leicht ab, ist alles im grünen Bereich. Farbe und Geruch können sich durch das neue Futter ändern, das ist normal. Bei Anzeichen von Durchfall oder Verstopfung sofort die Umstellung stoppen. Geh einen Schritt zurück. Das bedeutet, füttere wieder so wie zwei Tage zuvor und erhöhe den Anteil des neuen Futters langsamer. Wird es nicht besser, vergiss das neue Futter und füttere wie gewohnt weiter. Die Gesundheit deines Welpen ist wichtiger.

Falls dein Welpe das neue Futter nicht mag, es mit Widerwillen oder gar nicht frisst, solltest du von der Umstellung absehen. In einem solchen Fall frisst er das alte Futter und das neue bleibt im Napf. Eventuell nimmt er von dem neuen Futter ein Bröckchen mit hochgezogenen Lippen zwischen die Zähne und lässt es wieder fallen. Dann tu ihm einen Gefallen und verschenk das neue Futter an einen anderen Hundebesitzer oder spende es einem Tierheim.

Die Qual der Wahl, was soll ich füttern?

Spätestens bei der Futterfrage scheiden sich die Geister vieler Hundebesitzer. Die einen schwören auf Trockenfutter, andere füttern generell nur Nassfutter und für die dritten füttert nur der seinen Hund richtig, der barft oder sich an den Herd stellt und selber kocht.

Wie überall, hat auch beim Hundefutter jede Variante ihre Vor- und Nachteile.

Trockenfutter

Trockenfutter gibt es oft in großen Tüten, die du gut transportieren kannst. Es lässt sich leicht dosieren, du wiegst die Menge ab, die du brauchst. Die Tüte kannst du wieder gut verschließen, die meisten haben einen Verschlussmechanismus, damit keine Feuchtigkeit eindringt. Ist die Tüte leer, faltest du sie zusammen, im Gelben Sack nimmt sie nicht viel Platz weg. Wenn du das Trockenfutter kühl und trocken lagerst, ist die Gefahr, dass es verdirbt, gering. Es hält sich im Sommer wie im Winter gut frisch.

Falls du dir Sorgen machst, dass dein Welpe im Sommer nicht genug Wasser aufnimmt, kannst du Wasser über das Trockenfutter gießen. Bei manchen Sorten entsteht dann eine Soße, die Welpen gern mögen. Ohne die Soße, kann Trockenfutter nicht von allen Hunden gerne gegessen werden. Es kann sein, dass dieser Vorgang ein paar Minuten dauert, das ist bei den einzelnen Sorten verschieden. Trinkt dein Hund allgemein zu wenig wasser, kann Trockenfutter zu einem Problem für die Verdauung und Nährstoffversorgung werden.

Bei Trockenfutter ist die Häppchengröße vorgegeben. Bei kleinen Welpen müssen sie entsprechend klein sein, sonst hat dein Welpe einer kleinen Hunderasse Probleme, sie zu zerkauen. Größere Welpen bekommen größere Bröckchen. Würdest du deinem Labradoodle-Welpen die Häppchen in Yorkiegröße vorsetzen, würde er sie unzerkaut hinunterschlingen, Verdauungsprobleme wären vorprogrammiert.

Die Größe der Bröckchen ist aufgedruckt. Dort steht entweder „mini“ für die kleinsten, „midi“ für die mittelgroßen und „maxi“ für die großen Brocken.

Nassfutter / Feuchtfutter

Nass- oder Feuchtfutter bekommst du in Dosen, Frischhaltebeuteln oder Schalen. Was du für deinen Welpen bevorzugst, bleibt dir überlassen. Dosen und Schalen gibt es in verschiedenen Größen, Folienbeutel sind relativ klein und die Portion darin reicht bei größeren Welpen eventuell nicht aus. Ungeöffnet sind sie lange haltbar. Wenn du Frischhaltebeutel oder Schalen kaufst, achte darauf, dass sie richtig dicht verschweißt sind. Bei Luftzufuhr verdirbt das Futter darin schnell. Eine weitere Gefahr lauert beim Transport vom Geschäft zu dir nach Hause. Du solltest nichts Schweres, das Kanten und Ecken hat, auf die Beutel bzw. Schalen stellen. Sie könnten kaputtgehen. Du kennst das vielleicht von Quark- oder Joghurtbechern mit Alufolie als Deckel.

Nassfutter solltest du nach Möglichkeit portionsgerecht kaufen. Einmal geöffnet hält sich das Futter darin maximal einen Tag, bevor es verdirbt, selbst im Kühlschrank. Schalen und Beutel kannst du leider nicht wieder verschließen. Manche Hersteller von Dosenfutter bieten passende Plastikdeckel für ihre Dosen an. Manchmal liegt ein Deckel einer Lieferung bei, wenn du dir das Dosenfutter nach Hause schicken lässt.

Leere Dosen und Schalen verursachen eine Menge Müll.

Nassfutter hat, wie der Name schon sagt, einen höheren Feuchtigkeitsgehalt als Trockenfutter. Es ist weich und dein Welpe braucht nicht viel zu kauen, das könnte ihn zum Schlingen verleiten.

Nassfutter bekommst du in zwei Varianten, entweder als Brocken in Soße oder als homogene Masse. Bei den Brocken solltest du darauf achten, dass sie zur Größe deines Welpen passen. Das Futter, das als homogene Masse angeboten wird, zerkleinerst du schnäuzchengerecht. Mit einem großen Klumpen im Napf ist dein Racker überfordert.

Viele Welpen verursachen beim Fressen von Nassfutter eine mehr oder weniger große Sauerei rund um ihren Napf. Damit dein Fußboden keinen Schaden nimmt, kannst du eine rutschfeste Matte unterlegen. Bei Hunden, die einen „Bart" (viele Terrierrassen) oder üppige Behaarung im Gesicht haben, landet ein Teil vom Nassfutter generell im Fell um die Schnauze. Hast du so ein Exemplar, solltest du vielleicht auf Nassfutter verzichten.

Vorteilhaft beim Nassfutter ist, dass dein Welpe es während des Zahnwechsels problemlos fressen kann. Weiterhin kannst du notwendige Medizin gut darin verstecken. Deine kleine Fellnase frisst die in den Bröckchen versteckten Tabletten mit, ohne sie zu verweigern und ohne viel Theater.

Das Futter für deinen Welpen selbst zubereiten

Du möchtest deinem Welpen exakt auf ihn abgestimmtes Futter geben? Dann bleibt dir nur, es selbst zuzubereiten und seine Ration selbst zusammenzustellen.

Doch Vorsicht, was sich einfach anhört, ist es in der Praxis keineswegs. Du musst genau wissen, was dein Welpe in seinem aktuellen Entwicklungsstadium braucht. Wieviel Eiweiß, Fette, Kohlenhydrate, wieviele und welche Mineralstoffe, Vitamine und Ballaststoffe muss eine Ration enthalten? Die Anforderungen an das Futter ändern sich, wenn dein Kleiner älter und größer wird. Hier musst du genau recherchieren, einfach Fleisch, Kartoffeln und ein bisschen Gemüse zusammenkochen, führt auf Dauer zu Mangelerscheinungen. Gerade die Menge an Mineralstoffen und deren Zusammensetzung muss genau berechnet werden. Die einzelnen Bestandteile der Ration müssen ausgeglichen und im richtigen Verhältnis zueinander stehen. Bekommt dein Welpe zwischendurch mal eine Mahlzeit, die nicht genau ausgewogen ist, ist das nicht schlimm. Auf die Dauer führt es zu ernsthaften Erkrankungen.

Informiere dich im Vorfeld, welche Lebensmittel Hunde generell nicht vertragen, bzw. sogar giftig für sie sind. Schlecht vertragen werden alle Gewürze. Vor allem Salz. Zwiebeln, Knoblauch, Weintrauben, Rosinen, Walnüsse und Avocado gehören nicht ins Welpenfutter, sie sind für Hunde giftig.

Wie bekommst du das alles in den Futternapf?

Eiweiß / Protein: Die wichtigste Proteinquelle ist Fleisch, dabei ist es egal, ob es vom Rind, Schwein, Pferd, Schaf, Geflügel, Wildtieren, Kängurus o ä. stammt.

Kohlenhydrate: Kohlenhydratreiche Futtermittel sind Kartoffeln, Nudeln, Reis, Amarant oder Hirse. Für deinen Welpen kochst du sie sehr weich, dann kann er sie besser verdauen. Falls es mal schnell gehen muss, bekommst du im Handel Reis, Kartoffeln oder Hafer als Flocken. Die Flocken lässt du ein paar Minuten in heißem Wasser aufquellen.

Ballaststoffe und Vitamine: Gemüse und Obst sind wertvolle Lieferanten von Ballaststoffen. Du kannst es raspeln, pürieren oder kochen. Ballaststoffe unterstützen die Darmfunktion deines Welpen. Kerne und Steine solltest du aus dem Obst entfernen, bevor du es in den Napf gibst, sie enthalten Blausäure.

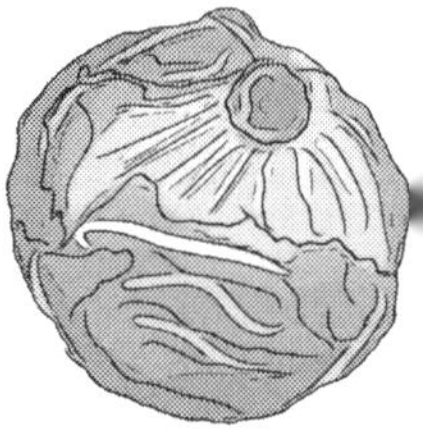

- **Gemüse, das dein Welpe gekocht gut verträgt:** Blumenkohl, Broccoli, grüne Bohnen, Kürbis, Chinakohl, Sellerie, rote Beete, Spinat, Erbsen, Mais.

- **Gemüse, das er roh fressen kann:** Salat, Möhren, Tomaten, Gurken, Fenchel, Zucchini, Kohlrabi.

- **Bei Welpen beliebtes Obst:** Äpfel, Birnen, Apfelsinen, Himbeeren, Kiwis, Melonen, Nektarinen, Pfirsiche oder Pflaumen.

- **Öl:** Damit bei deinem Welpen die Versorgung mit essenziellen Fettsäuren gesichert ist, kannst du zusätzlich zum Lachsöl, Sonnenblumen-, Maiskeim- oder Hanföl geben. Sie enthalten neben wertvollen Omega-3- und Omega-6-Fettsäuren noch Vitamin E. Ca. zwanzig Prozent der Ölmenge sollte Lachsöl ausmachen.

- **Milchprodukte:** Jogurt, Quark und Hüttenkäse enthalten hoch verdauliche Eiweiße und dein Welpe wird begeistert sein. Die enthaltenen Milchsäurebakterien unterstützen seine Darmfunktion. Auch wenn deine Fellnase verrückt danach ist, fang ganz langsam an und erhöhe die Portion schrittweise. Milchprodukte führen wegen ihres Gehaltes an Milchzucker gern zu Durchfall.

- **Mineralstoffe und Vitamine:** Hier greifst du am besten auf angebotene Futterzusätze zurück. Es gibt spezielle Mineralfuttermischungen für Welpen.

Kochen oder barfen?

Bei einer gekochten Mahlzeit sind alle Bestandteile der Ration gegart. Obst und Gemüse kannst du zerkleinern und roh füttern, du kannst es genauso gut kochen. Das Fleisch kochst du entweder oder du fütterst es roh. Problematisch wird es, wenn Knochen dabei sind. Die solltest du auf keinen Fall mitkochen. Beim Kochen werden die organischen Bestandteile, wie das Kollagen, ausgeschwemmt. Kollagen ist für die Elastizität des Knochens verantwortlich. Fehlt es, wird der Knochen brüchig und splittert leicht. Dein Welpe könnte sich an den Splittern verschlucken und sich böse innere Verletzungen zuziehen.

Beim Kochen verändert sich die Proteinstruktur des Fleisches, das im Fleisch gespeicherte Wasser und Fett treten aus.

Was passiert mit den Vitaminen? Wasserlösliche Vitamine werden fast vollständig ausgeschwemmt, sie sind verloren. Einige Vitamine, wie Biotin, A, B2, D, E und K sind hitzebeständig und bleiben erhalten. Andere Vitamine, B1, B6, B12, Vitamin C überstehen den Kochprozess nicht. Ebenso gehen viele Enzyme verloren.

Diese Verluste vermeidest du, wenn du deiner Fellnase sein Futter aus Fleisch, Gemüse undBallaststoffen roh fütterst. Das nennt sich barfen.

Selbst kochen

Manchmal, wenn dein Welpe krank ist oder Allergien gegen bestimmte Futtermittel hat, hilfst du ihm und seinem Verdauungsapparat durch Schonkost, gesund zu werden. Manche Welpen vertragen gekochtes Fleisch besser.

Bei Allergien ist selbst Kochen oft die einzige Möglichkeit, deinen kleinen Freund zu ernähren. Reagiert dein Welpe allergisch auf Fertigfutter, kannst du in Absprache mit deinem Tierarzt eine „Ausschlussdiät" mit ihm machen. Dabei werden nacheinander einzelne Bestandteile aus dem Futter weggelassen. So stellst du fest, wogegen genau dein Welpe allergisch ist. Diese Zutat lässt du in Zukunft aus seiner Ration weg, bzw. ersetzt sie durch eine andere.

Wenn du selbst kochst, solltest du rohe Knochen zufüttern. Das ist wichtig für den Calcium-Haushalt deines Welpen. Eventuell musst du ein Kalkpräparat zufüttern. Bewährt haben sich hier Eierschalenmehl, Algenmehl oder Fleischknochenmehl. Am besten, du lässt es dir von einem Fachmann genau ausrechnen. Wahrscheinlich braucht dein Welpe zusätzlich einen Vitamin B Komplex oder Bierhefe. Das Kochwasser enthält einige wichtige Wirkstoffe. Schütte es nicht weg, verfüttere es lieber.

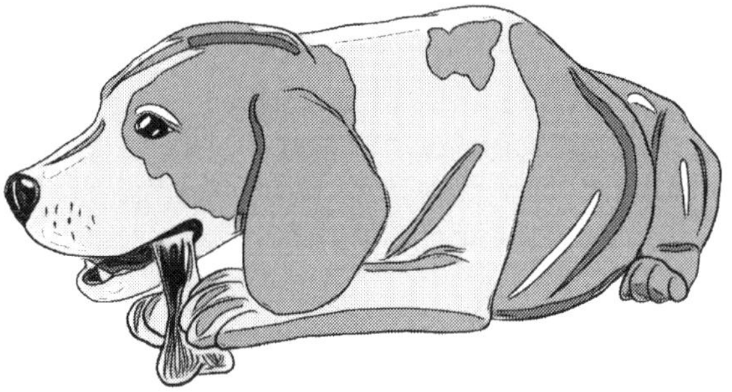

Barfen

Die Verfechter dieser Futtermethode vertreten die Meinung, dass das die natürlichste Ernährung eines Wolfes/Hundes ist. Sie wollen ihre Lieblinge so naturnah wie möglich füttern.

Der Begriff „BARF" bedeutete anfangs „Born-Again Raw Feeders", inzwischen steht es für „Bones And Raw Food" bzw. „Biologically Appropriate Raw Food". Auf Deutsch bedeutet es „Biologisches Artgerechtes Rohes Futter".

Auch hier musst du unbedingt darauf achten, dass es bei deinem Fellbündel nicht zu Fehl- oder Mangelernährung kommt. Leider ist das langfristig oft der Fall.

Wie dem auch sei, dein Welpe wird es lieben, rohes Fleisch zu zerreißen und an fleischigen Knochen zu kauen. Hast du einen Welpen mit viel Fell im Gesicht, wirst du ihm und deinem Fußboden seine Begeisterung nach dem Fressen ansehen.

Tipps für kleine Mäkler

Verweigert deine Fellnase sein Futter, kann das mehrere Gründe haben.

Er kann krank sein, das solltest du bei deinem Tierarzt untersuchen lassen.

Es kann sein, dass ihn irgendetwas an seinem Napf stört. Nimmt er sein Futter aus deiner Hand, oder vom Boden, ist es eindeutig der Napf. Eventuell ist er zu groß, er riecht zu sehr nach Plastik oder Herstellerfabrik, hat scharfe Kanten usw. Wobei die meisten Welpen so verfressen sind, dass ihnen der Napf völlig egal ist. Du solltest, um sicherzugehen, einen anderen Napf ausprobieren.

Wenn dein Welpe generell kein Trockenfutter frisst, du aus bestimmten Gründen Trockenfutter geben möchtest/musst, weich ihm sein Futter ein. Warte ein paar Minuten, bis es durchgeweicht ist, und versuche es erneut.

Verweigert dein Kleiner nur ab und zu mal eine Mahlzeit, kann es sein, dass er einfach satt ist. Vielleicht habt ihr trainiert und er hat entsprechend viele Leckerchen gefressen. Dann brauchst du dir keine Sorgen zu machen.

Sitzt dein Kerlchen vor seinem gefüllten Napf und sieht dich mit großen Augen an? Was machst du dann? Gibst du ihm anderes Futter, weil der Kleine das, was er im Napf hat, nicht mag und verhungern könnte? Herzlichen Glückwunsch, dein Welpe hat dich gut erzogen.

Hat ein gesunder Welpe nach ca. zehn Minuten sein Futter noch nicht angerührt, nimm es ihm weg. Stell es in den Kühlschrank und gib es ihm zur nächsten Mahlzeit. Welpen lernen schnell. Nachdem du das ein paarmal durchgezogen hast, wird dein kleiner Mäkler sofort fressen.

Es kann sein, dass dein Welpe gerade im Zahnwechsel ist. Dann kann er Trockenfutter schlecht kauen, die Milchzähnchen sind ausgefallen, seine bleibenden Zähne oft noch nicht richtig entwickelt. Weich ihm sein Trockenfutter in dieser Zeit ca. zehn Minuten ein. Nach zwei bis vier Wochen wird er wieder normal fressen.

Ist dein Welpe richtig ernährt?

Richtig ernährte Welpen haben glattes, glänzendes Fell mit einer gesunden Haut darunter. Ihr Gewicht liegt im optimalen Bereich, die Augen glänzen. Dein Welpe ist seiner Rasse entsprechend aktiv, seine Häufchen sind fest, er setzt sie regelmäßig ab. Seinen Futternapf leert er mit Appetit.

3.

Kommunikation

Kommunikation findet immer statt. Sowie sich zwei Individuen, Menschen, Tiere oder Tier und Mensch begegnen, kommunizieren sie. Selbst Pflanzen kommunizieren untereinander. Das funktioniert nicht jedes Mal bewusst und über Sprache. Viel Kommunikation passiert unbewusst, im Verborgenen. Die meisten Menschen glauben, dass sie sich ausschließlich über Sprache mit anderen Menschen verständigen können. Sie vergessen, dass Menschen über ihre Körperhaltung, Gesten und Mimik ihr Gegenüber beeinflussen. Selbst deine Kleidung, deine Frisur oder die Wahl der Rasse deines Hundes erzählen einem entgegenkommenden Passanten viel von dir.

Überlege einmal, wie du dich fühlst, wenn dein Gesprächspartner dir aufrecht gegenübersitzt. Er schaut dir mit ernstem Gesicht direkt in die Augen und seine Stimme klingt klar und selbstbewusst. Wie anders ist es doch, wenn dein Gegenüber locker auf seinem Stuhl Platz nimmt und sich mit einem freundlichen Gesicht mit dir im Plauderton unterhält. Seine Augen sind auf dich gerichtet, sie unterstreichen sein Lächeln. Der Text, der gesprochen wird, ist in beiden Gesprächen sinngemäß der gleiche.

Bei den Tieren spielt die Verständigung mit Lauten eine untergeordnete Rolle. Sie kommunizieren hauptsächlich mit ihren Körpern, Gesten und Gesichtsausdrücken. Deshalb ist dein Welpe ein Meister darin, dich zu lesen, auf deine Gefühle zu reagieren. Er weiß früher und besser als du selbst, ob du gerade gut gelaunt oder verärgert bist. Wir Menschen haben diese Eigenschaft im Lauf der Evolution fast verloren.

Mit ein wenig Übung wird es dir gelingen, deinen Welpen genauso gut zu lesen und zu verstehen, wie er dich.

Wie funktioniert Kommunikation?

Bei jeder Kommunikation gibt es einen Sender und einen oder mehrere Empfänger. Der Sender sendet das oder die Kommunikationssignale aus, der oder die Empfänger nehmen die Signale (Informationen) wahr und können reagieren. Stößt der Wächter einer Erdmännchengruppe etwa den Warnruf „Vorsicht Wolf" aus, verschwindet die ganze Gruppe in ihren Bauen.

Du stehst auf und ziehst dir Schuhe an. Welche Schuhe du auswählst, verrät deiner Fellnase, was passieren wird. Nimmst du die, die du immer zur Arbeit trägst, heißt das für ihn: „Och doof, ich muss hierbleiben." Ganz anders, wenn du die Hunderunden-Schuhe anziehst. Sofort sitzt er erwartungsvoll vor der Tür, noch bevor dein Fuß im ersten Schuh steckt.

Das erste Beispiel ist eine verbale Kommunikation, das Erdmännchen hat seine Stimme eingesetzt. Beim zweiten Beispiel hast du deinem Welpen die Information nonverbal, optisch vermittelt. Zur nonverbalen Kommunikation gehört jeder Informationsfluss, der nicht mit der Stimme übermittelt wird.

Jede Kommunikation hat einen sachlichen Inhalt. Der Sender übermittelt dem Empfänger eine Information, er möchte beim Empfänger eine Reaktion auslösen. Inhalt und Reaktion zeigen, wie Sender und Empfänger zueinander stehen. Deine Fellnase sitzt mit einem Ball in der Schnauze vor dir. Die Botschaft ist klar, er möchte, dass du mit ihm spielst (Inhalt). Er möchte dich dazu bringen, dass du aufstehst und dich mit ihm beschäftigst (Reaktion). Ihr kennt euch gut und wahrscheinlich hast du schon oft mit ihm gespielt (euer Verhältnis zueinander). Er weiß, dass seine Erfolgschancen gut sind. Hättest du in der Vergangenheit barsch oder ablehnend auf seine Spielaufforderungen reagiert, würde er dich nicht um ein Spiel bitten. Einem Fremden würde er sich neugierig und vorsichtig nähern. Jedoch würde er ihn nicht sofort zu einem Spiel auffordern. Stellt sich heraus, dass der Fremde tierlieb und freundlich ist, wird dein Kleiner früher oder später anfangen, mit ihm zu spielen.

Je länger ihr zusammenlebt, je mehr ihr gemeinsam unternehmt, umso besser werdet ihr euch verstehen. Missverständnisse wird es kaum geben, obwohl ihr in verschiedenen Sprachen kommuniziert. Du kannst die Hundesprache nicht mit Vokabeln übersetzen, wie Englisch oder Suaheli. Um deinen Welpen zu verstehen, beobachte ihn in verschiedenen Situationen und Umgebungen. Einige Signale sind einfach zu deuten. Wer kennt ihn nicht, den berühmten Dackelblick? Ohne Worte teilt dir dein Welpe mit, ob Dackel oder nicht, dass es ihm im Moment ganz furchtbar schlecht geht und er kurz vor dem Verhungern steht. Diese Botschaft ist eindeutig, du musst dich nicht mit Hundekommunikation auskennen, um sie zu verstehen.

Andere Verhaltensweisen werden dir rätselhaft vorkommen. Wieso klingt sein Bellen einmal hell, ein anderes Mal bellt er mit tiefer Stimme. Warum gähnt dein Welpe, obwohl er nicht müde ist und wieso leckt er sich gerade ständig die Schnauze?

Wusstest du schon, dass nicht jedes Wedeln mit der Rute freundlich gemeint ist?

Wie kommunizieren Hunde?

Lautäußerungen spielen bei Hunden eine untergeordnete Rolle. Hundekommunikation ist ein komplexes System aus Körperhaltung, Gesichtsausdruck, Stellung der Ohren und der Rute, Geruchswahrnehmung und stimmlichen Äußerungen. Damit drücken sie ihre Gefühle und Absichten aus. Du findest Beschwichtigungssignale, Drohgebärden, Aufforderungen zum Spielen, Anzeigen der Paarungsbereitschaft, Unterwürfigkeit, dominantes Verhalten, Freude, Freundschaft, Kummer, Langeweile, Unbehagen, Schmerzen, Begeisterung, Eifer, Stress, Entspannung usw. Geringfügige Änderungen in der Körperspannung oder der Haltung der Lefzen, die wir Menschen meistens gar nicht wahrnehmen, liefern einem Hund eine Fülle an Informationen über seinen „Gesprächspartner".

Mit seiner guten Nase kann er tatsächlich riechen, ob der andere Hund ängstlich oder selbstsicher ist oder welchen Rang er einnimmt. Deshalb ist ein Kothaufen für dich eklig, für deinen Welpen ist er eine Quelle von spannenden Informationen, von der seine Nase kaum wegzubringen ist. Ähnlich sind Stellen, an denen ein anderer Hund uriniert hat. Sie sind eine Art Kontaktanzeige in der Hundewelt. Deine Fellnase kann genau herausschnüffeln, wie alt der andere Hund ist, ob es ein Rüde oder eine (läufige) Hündin ist, ob der Hund gesund ist, welchen sozialen Rang der andere hat, ob er unsicher ist oder man sich lieber nicht mit ihm anlegt. So macht sich dein Kleiner mit den anderen Hunden in der Umgebung vertraut, ohne sie direkt zu treffen. Wenn er älter und sicherer wird, wird er Urinstellen ebenfalls markieren und eine Botschaft hinterlassen. Einem jungen Welpen steht so etwas noch nicht zu, er muss erst einen gewissen sozialen Rang haben. Wird ein Welpe älter, steigt er in der Rangfolge automatisch auf, genauso wie eine Hündin, die Junge geworfen hat.

Die Körperhaltung ist bereits von Weitem zu sehen. Sie vermittelt dem Kommunikationspartner einen ersten Eindruck und ist unabhängig von der Rasse zu erkennen.

Schwieriger wird es bei der Stellung der Rute. Bei einem entspannten Wolf hängt sie ebenfalls entspannt herunter. Bei einigen Hunderassen, die anatomisch dem Wolf nahestehen (Schäferhund, Labrador, Collie, Border Collie, Golden Retriever), ist es ebenso. Weltweit erkennt jeder Hund die Lage als entspannt. Wie ist es aber bei den Rassen, denen der Mensch eine stehende Rute (Beagle, Yorkie, Chihuahua) oder eine über dem Rücken geringelte Rute, (alle Spitze, Papillon) angezüchtet hat? Bei manchen Rassen, wie dem Australian Stumpy Tail Cattle Dog, oder dem Welsh Corgi Pembroke fehlt die Rute als Ausdrucksmittel, sie haben schlichtweg keine. Das Kupieren von Ruten ist inzwischen als Tierquälerei erkannt und verboten worden. Früher war es bei Boxern, Doggen, Rottweilern und einigen anderen Rassen üblich. Den Hunden wurde ein wichtiges Ausdrucksmittel genommen. Studien haben gezeigt, dass Welpen mit kupiertem Schwanz fünf bis sechs Tage länger brauchen, um laufen zu lernen. Ihnen fehlt die Balancierstange.

Ähnlich viele Unterschiede gibt es in der Ohrenstellung. Sie können aufrecht stehen (Schäferhund, Spitze, Mudi), geknickt sein (Sheltie, Collie, Jack Russel, Foxterrier) oder als Schlappohr hängen (Beagle, Weimaraner, Spaniel).

Wenn dein Welpe die Nase kraus zieht, wird das jeder andere Hund als Drohgeste verstehen. Nun gibt es Rassen, denen absichtlich eine krause Nase angezüchtet wurde (Boxer, Möpse, Bulldoggen).

Bei langhaarigen Hunden mit viel Gesichtsbehaarung (Schapendoes, Puli, Bearded Collie) ist es fast unmöglich, den Gesichtsausdruck zu erkennen.

Wie soll sich dein Welpe oder du selbst da zurechtfinden? Droht mir der Mops gerade? Der Beagle dort hinten hat die Rute oben, ist er aufgeregt, droht Gefahr, muss ich aufpassen?

Du siehst, so einfach ist das mit der universellen Hundesprache nicht. Da genügt es nicht, nur nach der Rute zu schauen oder ob die Ohren angelegt sind. Du tust deinem Racker einen Gefallen, wenn er von klein auf Kontakt zu möglichst vielen verschiedenen Hunderassen hat. Dann lernt er am besten die vielen Akzente der Hundesprache und kann stehende Ruten und krause Nasen besser einordnen. Er kann Missverständnisse vermeiden. Dazu bietet sich der Besuch einer guten Welpen- oder Spielegruppe an. Noch besser ist es, wenn er die Möglichkeit hat, sich frei in einer gemischten Hundegruppe zu bewegen. In Welpengruppen treffen nur junge, unerfahrene Hunde aufeinander. In einer Gruppe mit Hunden verschiedener Altersstufen lernt dein Welpe von den Älteren, wie man sich als wohlerzogener Hund benimmt. Er lernt, wie er andere Hunde zum Spielen auffordert, dass er manchmal Rücksicht nehmen muss, weil der andere gerade in Ruhe gelassen werden möchte, wie er Konflikte löst und wie er sich in eine Gruppe einordnet. Fällt dir etwas auf? All das sind Grundlagen für ein angenehmes, stressfreies Zusammenleben im Alltag. Beobachte deinen Welpen bei seinen Interaktionen mit den Artgenossen. Du wirst viel über deine Fellnase und wie sich Hunde untereinander benehmen, lernen. Dann erkennst du bald, ob dein schlappohriger Freund seine Ohren gerade anlegt oder aufmerksam nach vorn richtet und warum nicht jedes Schwanzwedeln freundlich sein muss.

Manche Gesten haben je nach Situation eine andere Bedeutung. Ein gutes Beispiel ist obengenanntes Gähnen. Außer, dass dein Welpe müde ist, kann es verschiedene Gründe haben. Dein Welpe kann gähnen, wenn ihm alles zu viel wird und er unter Stress steht. Brich das Training ab oder geh mit ihm aus der aufregenden Umgebung. Bleib dabei selbst ruhig und gib ihm Zeit mental herunterzukommen. Das kann er am besten in seinem Körbchen, wenn ihn alle Menschen in Ruhe lassen. Teilweise gähnen Welpen, wenn sie beschwichtigen wollen. Das kann einem anderen Hund gelten oder Frauchen/Herrchen schimpft, weil der Schlingel etwas ausgefressen hat. Damit möchte er dir sagen, dass er es nicht böse gemeint hat, es hat sich so ergeben. Es kann sein, dass das Gähnen eine Übersprungshandlung ist. Das bedeutet, dein Welpe ist in einer Situation, mit der er nicht klarkommt. Eventuell wollte er zu anderen Hunden laufen, um mit ihnen zu spielen. Just in dem Moment rufst du ihn zurück. Er weiß nicht recht, was zu tun ist. Einerseits möchte er weiterlaufen, andererseits möchte er auf dein Rufen reagieren. Er unterbricht seinen Lauf und zeigt ein Verhalten, das im Moment sinnlos erscheint, er gähnt. Das passiert unbewusst, das Gehirn sucht nach einer Lösung des Konfliktes und verschafft sich durch die Übersprungshandlung Zeit, es flüchtet aus der unlösbaren Situation. Im vorliegenden Fall solltest du deine Fellnase abholen gehen. Das nimmt für ihn den Stress aus der Situation. Er braucht keine Entscheidung zu treffen, das hast du für ihn getan. Du solltest nicht mit ihm schimpfen, weil er nicht gleich gekommen ist. Das ist im Moment nicht wichtig, dafür ist die Bindung zwischen euch viel fester geworden. Dein Welpe hat gelernt, dass er sich in heiklen Situationen auf dich verlassen kann, du bist für ihn da. Weitere Übersprungshandlungen sind Kratzen, mit den Zähnen Klappern, sich die Schnauze Lecken oder Bellen. Dein Kleiner hätte sich ebenso gut hinsetzen und sich am Ohr kratzen können. Manches für dich sinnlose Bellen entpuppt sich bei näherer Betrachtung als Übersprungshandlung. Übrigens, nicht nur bei Hunden gibt es Übersprungshandlungen. Wie oft kratzt du dich unbewusst am Kopf oder fasst dich an die Nase?

Dein Welpe ist als Rudeltier kommunikationsfreudig und teilt sich dir gern mit. Er freut sich über jede Reaktion von dir. Damit du ihm richtig antworten kannst, betrachte immer den ganzen Welpen, inklusive der Situation drumherum.

Mit der passenden Kommunikation schaffst du die Grundlage zu einer festen und innigen Bindung zwischen dir und deinem Vierbeiner.

Die Lautäußerungen der Hunde

Lautäußerungen dienen hauptsächlich der Verständigung über weite Entfernungen, wenn kein Sichtkontakt möglich ist. Eine Hundemeute oder ein Wolfsrudel kann damit in Kontakt bleiben. Viele Jagdhunde geben Laute von sich, wenn sie eine Fährte verfolgen. So weiß ihr Mensch, der Jäger, wo sein Hund, bzw. das Wild ist. Es kann sich um Belllaute handeln, oder kennst du das markante Heulen eines Beagles? Hast du einen Beaglewelpen, wird er dich häufig damit beglücken, es ist ihm angezüchtet worden. Es gehört zu seinem Verhaltensmuster, er kann nicht anders. Rettungshunde im Sucheinsatz informieren ihren Menschen ebenfalls durch Bellen, wo sie sich befinden und wenn sie die gesuchte Person gefunden haben.

Dein Welpe verfügt über ein breitgefächertes Repertoire an Lauten. Damit du die Lage richtig einschätzen kannst, musst du auch hier wieder die Gesamtsituation betrachten. Er kann: Bellen, Heulen, Knurren, Winseln, Hecheln, Fiepen, Seufzen, Schmatzen und noch einige andere Laute von sich geben.

Bellen

Bellen ist einer der häufigsten Laute, die du von deinem Welpen hören wirst. Er bellt, um auf sich aufmerksam zu machen, oder wenn er in freudiger Erwartung auf Futter, Spielen oder den täglichen Spaziergang ist. In diesen Situationen bellt deine Fellnase mit relativ hoher Stimme, die Ohren sind aufmerksam nach vorn gerichtet, die Rute wedelt erwartungsvoll. Wahrscheinlich wird er versuchen an dir hochzuspringen oder er hüpft wie ein Quirl um dich herum.

Manchmal lässt dein Welpe drei- oder viermal ein kurzes Wuff hören. Sein Körper verrät, dass er angespannt ist. Damit möchte er dir sagen: „Du da ist was, das ich nicht einordnen kann. Könntest du bitte nachsehen?"

Eventuell will er dich mit lautem Gebell, aus vielen kurzen, klaren Belllauten, auf etwas aufmerksam machen. Hat er den Postboten gehört? Dann läuft er aufgeregt hin und her und bellt in Richtung Tür.

Mit tiefem Bellen kann dein Welpe einem anderen Hund oder einem Menschen mitteilen: „Bleib auf Abstand ich will dich hier nicht." Ignoriert der andere Hund oder Mensch das, wird das Bellen deines Welpen noch tiefer, durch Pausen unterbrochen und bedrohlicher, er sagt: „Bleib da, sonst gibt es Ärger!" Je mehr Zähne dabei sichtbar werden, umso ernster meint dein Kleiner seine Drohung, die Nase legt sich in Falten, die Ohren gehen nach hinten. Sein Körper versteift sich. Das Nackenfell wird aufgestellt. Sein Blick wird starr. Das Bellen kann sich

mit tiefem Grummeln mischen. Ist er unsicher und ängstlich, liegt sein Körperschwerpunkt hinten. Ist der Körperschwerpunkt nach vorn gerichtet, musst du mit einem Angriff rechnen. Halte unbedingt Abstand von jedem Hund, der dir in dieser Form begegnet. Lass ihn in Ruhe. Ist es ein fremder Hund und du bist der Meinung, er braucht Hilfe, informiere den Tierschutz. Die Leute dort haben Erfahrung mit solchen Situationen und werden sich kümmern. Ist es dein eigener Welpe, solltest du schleunigst einen erfahrenen Hundetrainer aufsuchen.

Heulen

Wölfe heulen, um das Rudel zusammenzuhalten. Einzelne Tiere, die vom Rudel getrennt wurden, finden zurück. Heulen steckt an. Fängt ein Hund in der Nachbarschaft an zu heulen, stimmen oft alle anderen ein. Bei manchen Welpen genügen läutende Kirchenglocken oder Feuerwehrsirenen und sie fangen an zu heulen. Dieses Gruppenheulen stärkt das Gefühl des Zusammengehörens. Wölfe heulen in der Gruppe, bevor sie auf die Jagd gehen. Der Alphawolf beginnt, nach und nach beteiligen sich alle anderen Rudelmitglieder. Sie stimmen sich aufeinander ein, danach klappt die Zusammenarbeit besser.

Falls deine Nachbarn tolerant sind, versuche Gruppenheulen mit deinem Welpen. Es wird ihm ungeheuren Spaß machen und es festigt nebenbei eure Bindung.

Knurren

Beim Knurren handelt es sich eindeutig um Drohverhalten. Je tiefer und lauter dein Welpe knurrt, umso ernster meint er seine Drohung. Vor allem, wenn er dazu die Nackenhaare aufstellt und die Zähne zeigt. Mit einem leichten kurzen Grummeln will er dir lediglich mitteilen, dass er in Ruhe gelassen werden möchte. Eventuell will er sich aufdringliche fremde Menschen vom Hals halten, die ihn streicheln wollen. Das solltest du respektieren. Nicht jeder, der dir entgegenkommt und sich mit „Hach ist der süß, kann ich den mal streicheln?" auf euch stürzt, muss deinen Welpen anfassen. Weise solche Anliegen freundlich aber bestimmt zurück. Möchtest du dich von jedem anfassen lassen, dem du auf der Straße begegnest?

Hecheln

Ein hechelnder Welpe nach einem turbulenten Spiel ist normal. Im Sommer, wenn es heiß ist, möchte sich dein Kleiner durch Hecheln abkühlen. Hunde können nicht wie Menschen, über den ganzen Körper schwitzen. Sie geben überschüssige Körperwärme über die Zunge, eben durch Hecheln, ab.

Bei anderen Gelegenheiten ist Hecheln ein sicheres Zeichen dafür, dass dein Welpe Stress hat. Nimm ihn aus der Situation, beende das Training, nimm ihn weg von den anderen Hunden oder was immer ihn belastet.

Hechelt dein Welpe bei Gewitter oder an Silvester, hat er Angst vor den lauten Geräuschen.

Fiepen

Fiepende Welpen brauchen in der Regel Hilfe. Kleine Welpen fiepen, wenn sie im Nest den Kontakt zur Mutter oder den Geschwistern verloren haben. Dann wird den Kleinen schnell kalt, und Angst, verlassen zu sein, macht sich breit. Sein Fiepen zeigt der Mutter, wo ihr verlorener Sprössling ist, und sie trägt ihn wieder zurück zu den anderen.

Wenn dein Welpe fiept, fühlt er sich meistens einsam. Eventuell hat er Hunger, muss Gassi oder ihm ist kalt. In den ersten Tagen im neuen Zuhause kann es Trennungsschmerz sein. Häufiges Fiepen kann auf eine Krankheit hindeuten.

Seufzen

Seufzt dein Welpe, ist ihm entweder langweilig oder Stress fällt von ihm ab, er fühlt sich wieder wohl und geborgen.

Häufiges, für dich grundloses Seufzen, kann auf Schmerzen hindeuten.

Schmatzen

Hier ist nicht das Schmatzen gemeint, das deine Fellnase beim Fressen verursacht. Ist dir aufgefallen, dass dein Welpe genüsslich schmatzt, wenn er in seinem Körbchen liegt? Anschließend kuschelt er sich in sein Kissen und schläft tief und fest.

Schmatzen gehört zu den ersten Geräuschen, die ein Saugwelpe hört. Er liegt warm und geborgen zwischen seinen Geschwistern bei Mama im Nest. Wenn die Geschwister an der Hündin saugen, erzeugen sie ein typisches Schmatzgeräusch. Dieses Geräusch prägt sich dein Kleiner tief ein. Es erzeugt bei ihm für den Rest seines Lebens ein Gefühl der Geborgenheit.

Das kannst du nutzen, wenn du deinen Racker beruhigen, ihm Sicherheit geben möchtest. Es hört sich vielleicht albern an, aber schmatze ihm etwas vor. Das wirkt bei Welpen besser als ein Schlaflied.

Winseln

Lautstarkes Winseln, Jaulen oder Bellen lassen Welpen hören, die sich alleingelassen fühlen. In dem Fall solltest du dich um deinen Welpen kümmern. Alleinbleiben ist eine große Sache für einen kleinen Welpen. Mit ein bisschen Übung meistert dein Welpe die Situation. Lass ihn erst nur für Sekunden allein im Zimmer, dann eine Minute, mehrere Minuten usw.

Alle Lautäußerungen können Übersprungshandlungen sein, besonders beliebt ist Hecheln.

Häufiges, für dich grundloses Winseln, Seufzen oder Jaulen können Anzeichen von Schmerzen sein. Wenn du dir unsicher bist, lass deinen Welpen vom Tierarzt untersuchen.

Es kann sein, dass dein Welpe aus Langeweile bellt oder um deine Aufmerksamkeit zu bekommen. Dieses fordernde Bellen solltest du ignorieren, sonst wird dein Fellknäuel bald zur ständig bellenden Nervensäge.

Gründe, warum dein Schlingel winselt, gibt es viele. Er kann sich freuen, weil du endlich Zeit für ihn hast, er kann Angst haben oder unsicher sein. Eventuell möchte er den Dackelblick unterstreichen und betteln.

Dein Welpe und seine Körpersprache

Der Körper ist der Hunde liebstes Ausdrucksmittel. Sie sind Meister darin, über Körperhaltung und Gesichtsausdruck ihrem Gegenüber Botschaften zu senden. Mit entsprechenden Gesten vermeiden sie unnötige Konflikte. Seine Position in der Gruppe macht dein Welpe mit Unterwürfigkeits-, Dominanz- oder Drohgesten deutlich. Mit seinem Körper erzählt er dir, wie er sich gerade fühlt und was er sich von dir wünscht. Wie immer, musst du die Zusammenhänge sehen. Aus einzelnen Momentaufnahmen ist es oft schwierig bis unmöglich, die Stimmung deines Welpen herauszulesen.

„Ich freue mich!“

Dein Welpe freut sich, dass du Zeit mit ihm verbringen möchtest. Sein Körper ist locker, die Ohren sind aufmerksam nach vorn gerichtet. Hat dein Racker Schlappohren, musst du eventuell zweimal hinschauen. Sein Blick ist weich und freundlich, mit erhobenem Kopf sieht er dich an. Die Mundwinkel sind nach hinten gezogen, das Mäulchen ist geöffnet, die Eckzähnchen blitzen weiß hervor. Man könnte fast meinen, er lacht! Die Rute wedelt eifrig und freundlich mit der Tendenz zur rechten Seite. Hunde untereinander achten darauf, zu welcher Seite der Ausschlag größer ist. Geht er nach rechts, ist das Wedeln freundlich gemeint, wedelt der gegenüber eher nach links, ist es besser, Abstand zu halten. Ist die Begeisterung groß, wedelt das ganze Hinterteil mit.

Er läuft eifrig um dich herum, kann kaum erwarten, was passiert. Aktive Welpen springen an dir hoch oder sie hüpfen wie ein Flummi. Eventuell bellt dein Welpe in hohen Tönen. Bei Chihuahuas und anderen Zwergen kann es ins Quietschen übergehen.

„Bitte, bitte!"

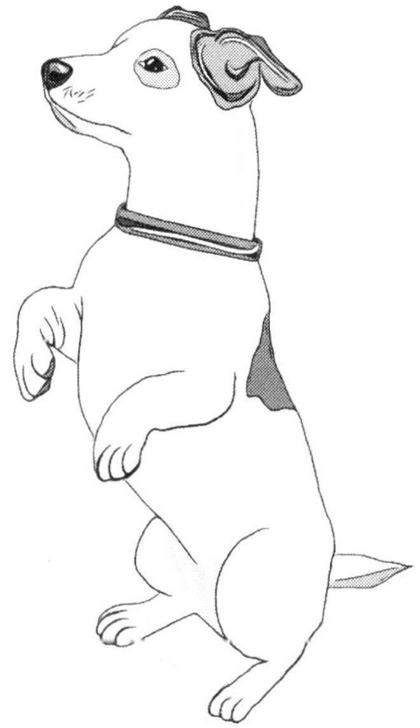

Hier kommt der Dackelblick zum Einsatz. Dein Welpe kann ihn zur Verstärkung mit leisem Fiepen oder Wimmern kombinieren.

Funktioniert der Blick allein nicht, versucht dein Welpe, dich zu bepföteln oder dir auf den Schoß zu springen. Größere Welpen legen dir ihren Kopf oder eine Vorderpfote auf das Knie, manche stupsen dich mit der Nase an. Übrigens, alle Welpen und Hunde sind Meister der Hypnose. Sie versuchen mit beschwörenden Blicken deine Bratwurst in Richtung ihres Welpenschnäuzchens zu lenken.

Bettelt dein Racker um Aufmerksamkeit, stellt er sich dir in den Weg oder läuft dir vor die Füße.

„Was ist das?"

Alle Welpen sind von Natur aus furchtbar neugierig. Sie richten Ohren und Augen auf das interessante Objekt. Die Körperhaltung ist gespannt, die Rute steht vor Aufregung in die Höhe. Entweder wedelt sie leicht hin und her, bei stärkerer Erregung auch schneller, aber nie mit so hohem Ausschlagwinkel wie bei Begeisterung, oder sie zittert leicht. Die Rute ist, wie der ganze Körper, leicht angespannt und steif. Das Hinterteil wedelt nicht mit. Dann kommt die Nase zum Einsatz, das Objekt wird ausgiebig beschnüffelt, dann mit den Pfoten betastet und eventuell könnte man kosten...

„Komm, spiel mit mir!“

Die klassische Spielaufforderung ist eine typische Körperhaltung. Das Vorderteil deines Welpen liegt auf dem Boden, die Vorderbeine sind lang ausgestreckt. Der Kopf ist gesenkt, die Ohren sind aufmerksam nach vorn gerichtet. Er schaut dich aus offenen, freundlichen Augen an, die Schnauze ist geöffnet. Das Hinterteil ragt dabei in die Höhe, die Rute wedelt erwartungsvoll.

Wünscht er sich ein Ballspiel, kommt dein Welpe mit seinem Lieblingsball im Schnäuzchen an und setzt sich vor dich. Als Verstärkung kann er den Dackelblick einsetzen. Reagierst du nicht, werden manche Welpen kreativ. Sie schleppen ein Spielzeug nach dem anderen an, in der Hoffnung, nun wird er wohl mitmachen.

Ihr trefft einen fremden Hund. Deine Fellnase legt sich mit Blick auf den anderen Hund flach auf den Boden. Das ist erst einmal ein Zeichen der Unsicherheit, es kann ebenso eine dezente Spielaufforderung sein. Kurz bevor der andere Hund euch erreicht, stürzt dein Kleiner vorwärts. Dann möchte er mit dem fremden Hund spielen.

„Mir ist langweilig."

Wenn dein Welpe mit verträumtem Blick im Körbchen liegt muss das noch lange nicht heißen, dass ihm langweilig ist. Eventuell ruht er sich einfach aus.

Woran erkennst du, ob ihm langweilig ist? Unternehmt ihr viel zusammen? Spielt ihr viel? Geht ihr nicht jeden Tag die gleiche Runde? Erlebt dein Kleiner mit dir spannende Abenteuer, kann er neue Erfahrungen sammeln? Wenn du diese Fragen mit Ja beantworten kannst, sollte alles in Ordnung sein. Ab und zu ein bisschen Langeweile schadet deinem Welpen nicht. Anders wird die Situation, wenn er ständig unterfordert ist.

Dann hast du genau das, worüber viele Hundehalter klagen. Die Vierbeiner zerkauen Schuhe, nagen Möbel an, zerfressen Teppiche, lesen und zerschnipseln Zeitungen oder Bücher. Eventuell bellt der Hund die ganze Nachbarschaft zusammen oder wird gar aggressiv. Er läuft nervös umher, verfällt in Lethargie oder leckt sich ständig.

Dieses Verhalten ist ein Hilfeschrei nach Beschäftigung.

„Ich muss dringend Gassi!“

Dein Welpe wird unruhig und läuft suchend umher, die Nase ist häufig am Boden. Ist er schon älter, läuft er zur Tür. Eventuell pendelt er zwischen der Tür und dir hin und her und versucht durch Fiepen deine Aufmerksamkeit zu erregen.

Wird es akut, zieht dein Welpe immer kleinere Kreise und schnüffelt intensiv am Boden. Jetzt bleiben dir noch wenige Sekunden, um zu handeln.

„Tu mir nichts!“

Es gibt viele Beschwichtigungssignale. Dein Welpe duckt sich, er macht sich klein. Seine Ohren liegen seitlich oder nach hinten am Kopf an, Kopf und Blick sind gesenkt. Die Maulwinkel sind nach hinten gezogen, die Schnauze ist geschlossen. Reicht das noch nicht, rollt er sich mit eingeklemmter Rute auf den Rücken.

Er dreht den Kopf zur Seite und meidet Blickkontakt.

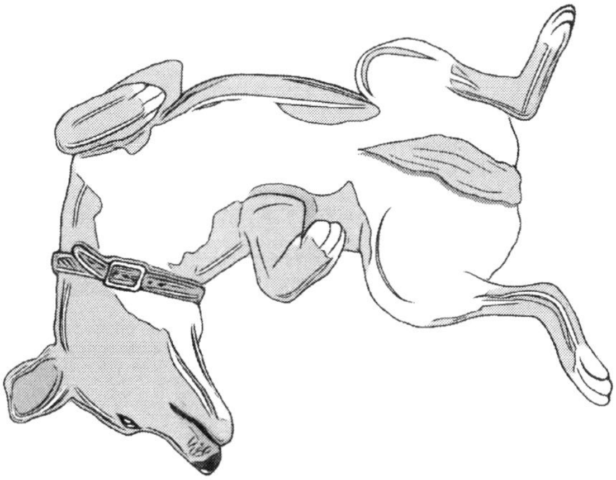

Gähnen, sich die eigene Schnauze oder die Schnauze des anderen Hundes lecken, zur Seite gehen, sich kratzen, sich hinlegen, sich hinsetzen sind weitere Beschwichtigungssignale.

„Ich bin entspannt“

Dein entspannter Welpe hat eine entspannte Rute, die er in ihrer rassetypischen Haltung trägt. Seine Ohren sind aufgerichtet, die Schnauze ist leicht geöffnet und die Zunge ist sichtbar. Sein Blick ist entspannt und freundlich.

„Ich habe Angst“

Ein ängstlicher Welpe klemmt die Rute zwischen die Hinterbeine. Er macht sich klein, versucht sich zu verstecken. Seine Ohren hat er nach hinten gedreht, die Augen sind weit geöffnet, sein Blick ist starr. Er kann Beschwichtigungssignale zeigen.

Es kann sein, dass dein Welpe, obwohl er Angst hat, Drohgesten zeigt. Ängstliche Welpen, die drohen, verschieben ihr Körpergewicht nach hinten. Die Mundwinkel sind unsicher nach hinten gezogen, trotzdem sind seine Zähne bei geschlossenem Maul sichtbar.

Viele Welpen urinieren, wenn sie Angst haben.

„Pass auf!“

Bei deinem wachsamen Welpen ist der Körper leicht gespannt, die Rute steht nach oben und kann leicht schwingen oder zittern. Alles an ihm strahlt Aufmerksamkeit aus: Der nach vorn gerichtete Blick, der Gesichtsausdruck und die nach vorn gerichteten Ohren.

„Vorsicht: Das ist eine Drohung!“

Droht dein Welpe, wird sein Körper starr, seine Augen ziehen sich zusammen, die Pupillen verengen sich und fixieren unbeweglich den vermeintlichen Gegner. Die Ohren gehen nach hinten.

Dein Welpe richtet sich auf, er macht sich optisch größer. Um den Effekt zu verstärken, stellt sich sein Rückenfell auf. Dein Kleiner bekommt eine „Bürste“.

Seine Schnauze ist geschlossen, bei fortschreitender Drohung zieht er die Nase kraus, seine Zähne werden sichtbar und er knurrt.

Knurrt dein Welpe bei geduckter Körperhaltung, ist er unsicher und möchte sich den Feind lediglich vom Leib halten.

Sonderfall Border Collie: Eine typische, oft fehlinterpretierte Situation. Dein Border Collie legt sich flach auf den Boden und fixiert offenbar jemanden. Er hat die Augen starr auf einen anderen Hund gerichtet, die Ohren zeigen aufmerksam nach vorn. Das ist in dem Fall keine Drohung. Border Collies sind Hütehunde. Der Hüte- und Herdentrieb ist ihnen über Generationen angezüchtet worden. Das ist ihr Hüteblick. Sie beobachten ihre Schäfchen in der Herde und passen auf, dass keines verloren geht. Border Collies sind überaus arbeitseifrig. Wenn gerade keine Schafe da sind, beobachten sie alles, was ihnen vor die Augen kommt. Eine Drohung wird es dann, wenn der Border die Ohren nach hinten/seitwärts legt und er die Maulwinkel nach hinten zieht. Die Pupillen verengen sich und die Augenbrauen gehen bei einer Drohung nach unten.

„Ich schnapp gleich zu!“

Lässt sich der Gegner durch die Drohung weder vertreiben noch unterwirft er sich, wird die Drohung deutlicher. Die Ohren sind flach am Kopf nach hinten gelegt, das Körpergewicht liegt komplett vorn. Das Knurren wird zu einem tiefen Grollen und er zeigt so viele Zähne wie möglich.

Stellt dein Welpe das Knurren in dieser Situation ein, greift er im nächsten Augenblick an.

„Ich bin selbstsicher.“

Ein selbstsicherer Welpe nähert sich aufgerichtet, mit entspanntem Körper. Sein Kopf ist erhoben, sein Blick geht ruhig nach vorn, seine Maulwinkel sind nach vorn gezogen, die Eckzähne sind sichtbar. Seine Ohren sind hoch aufgerichtet.

„Mir geht es nicht gut.“

Die meisten Welpen und Hunde lassen sich Schmerzen nicht anmerken. In der Natur ist ein Tier, das verletzt oder krank ist, eine leichte Beute. Um Räuber nicht auf sich aufmerksam zu machen, vermeiden es Tiere zu zeigen, dass sie krank sind. Du musst deinen Welpen aufmerksam beobachten, dann findest du heraus, ob es ihm nicht gut geht.

Dein Welpe wird nicht so aktiv sein, wie sonst, er wird dich nicht zum Spielen auffordern. Wahrscheinlich hält er sich länger in seinem Körbchen auf als üblich. Zeigt er auffällige Verhaltensweisen, die du nicht an ihm kennst und bleibt sein Futter im Napf, solltest du einen Tierarzt aufsuchen.

So kommunizierst du

Willst du anderen Menschen etwas mitteilen, verwendest du hauptsächlich deine Stimme. Denkst du. In Wahrheit verraten deine Körperhaltung, deine Mimik und deine Stimmlage ebenso viel wie deine Worte. Du gestikulierst wild mit Armen und Händen, wenn du sprichst. Stell dich vor einen großen Spiegel und denk an etwas Trauriges. Anschließend denkst du an den größten Erfolg in deinem Leben. Wie hat sich das angefühlt? Erkennst du, wie sich deine Haltung und der Gesichtsausdruck verändert haben?

Bewusst mit dem Körper zu sprechen, ist für die meisten Menschen ungewohnt. Du möchtest, dass deine Freunde dir zuhören. Was machst du? Du sprichst lauter, faselst irgendwelches Zeug und fängst an zu gestikulieren. Niemand kümmert sich um dich.

Warum richtest du dich nicht auf, setzt dich gerade hin und wartest, bis sich dir alle aufmerksam zuwenden. Eventuell kannst du dich räuspern, an ein Glas klingeln oder leicht auf den Tisch klopfen. Dann sprichst du mit ruhiger, klarer Stimme. Fasse dein Anliegen in wenige einfache Sätze. Deine Arme liegen auf dem Tisch oder auf deinem Schoß. An wichtigen Stellen in deinem Text kannst du ein bis zwei Gesten einbauen. Jeder wird dir zuhören.

Warum? Weil du eindeutige Signale ausgesendet hast, weil du auf die anderen eingegangen bist. Du hast gewartet, bis alle so weit waren, dir zuzuhören. Du hast niemanden vollgeschwafelt, du hast dich kurz und eindeutig ausgedrückt.

Die Fähigkeit, bewusst mit deinem Körper und deiner Stimme zu kommunizieren, wird dir dabei helfen, dich mit deinem Welpen zu verständigen.

Dürfen wir Dich kurz unterbrechen?

Deine Meinung als Leser ist gefragt!

Egal ob unsere Verlagsleitung, der Autor, unser Lektorat oder unsere Layouterin… oberstes Ziel jedes unserer Teammitglieder ist es, dass du von deinem Leseerlebnis begeistert bist und einen echten Mehrwert in dein Leben mitnehmen kannst.

Daher bitten wir dich herzlich um dein Feedback:

Hat dich dieser Ratgeber weitergebracht?
Was können wir verbessern?
Oder gefällt dir etwas gar nicht?
Konnte dir das Buch helfen, eine gute Beziehung zu deinem Welpen aufzubauen?

Nimm Kontakt zu uns auf und teile uns deinen persönlichen Eindruck mit.

Insbesondere falls du mit diesem Buch unzufrieden bist, bitten wir dich, uns deine ehrliche und ungeschönte Meinung mitzuteilen, damit wir uns weiterentwickeln können.

Nutze dazu unser bequemes Feedback-Formular oder schreibe eine Mail an meinersterhund.verlag@gmail.com.

Als Dankeschön erhältst du exklusiv die PDF „Rituale im Hundehalltag für Ersthund-Besitzer“, per Mail zugeschickt.

Wir freuen uns auf dein Feedback und wünschen viel Spaß beim Weiterlesen!

Im Namen des Verlagsteams

Tom Bernhardt

Tom Bernhardt

https://forms.gle/
DrcGeXY8b7FQxNrf6
Zur Umfrage:
https://tinyurl.com/UmfrageWE

Kommunikation zwischen Hund und Mensch

Nimm deinen Welpen als das, was er ist, ein Hund. Vermeide es, ihn zu vermenschlichen. Ihr gehört nicht derselben Spezies an, trotzdem könnt ihr eine gemeinsame Sprache finden. Du hast gelernt, dass Hunde mehr mit ihrem Körper als mit ihrer Stimme kommunizieren. Warum unterstützt du also deine Stimme nicht mit Gesten. Sag nicht nur „Geh in dein Körbchen", weise gleichzeitig mit deiner Hand auf das Körbchen. Dein Welpe wird dich viel besser verstehen.

Verwende hauptsächlich eine hohe Stimme, wenn du mit deinem Kleinen sprichst. Möchtest du dich mit mehr Nachdruck äußern, wird deine Stimme tiefer. Vermeide es, deinen Welpen hysterisch anzuschreien. Es ist sinnlos. Hunde weisen einander niemals durch lautes Gebell zurecht. Versuche lieber, deinen Welpen kurz anzuknurren, wirklich nur ganz kurz. Wirkt das nicht, zeige dabei ein wenig Zahn, indem du die Oberlippe auf einer Seite kurz anhebst. Das sollte genügen.

Dein Schlingel ist gerade eifrig damit beschäftigt etwas zu tun, das du nicht möchtest. Sag ihm das mit einem Schnauzengriff. Fasse kurz mit deiner Hand über seine Schnauze. Die Hundemama fasst ihre Welpen auch mit ihrem Fang über die Schnäuzchen, wenn sie ihren Nachwuchs

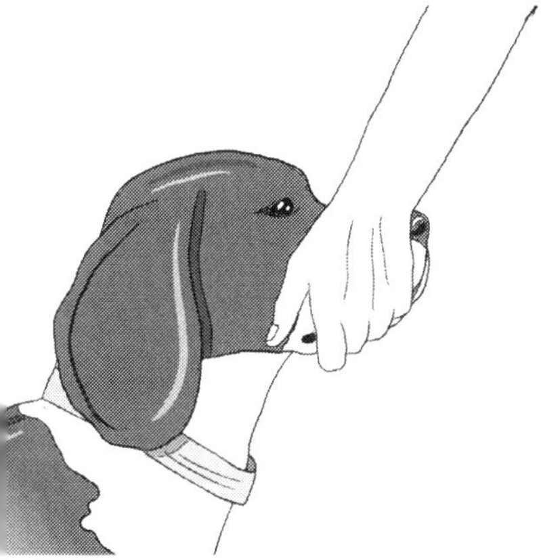

zurechtweisen möchte. Sei dabei niemals grob, Hundesprache ist subtil. Kleine Hinweise genügen. Sonst bekommt dein Welpe Angst, wird unsicher, hat kein Vertrauen zu dir.

Wenn du deinen Welpen heranlocken möchtest, geh in die Hocke, ohne dich dabei allzu weit vorzubeugen. Dann bist du kleiner und nicht mehr gefährlich. Wie empfängst du ihn draußen, wenn er von weiter weg angelaufen kommt? Du freust dich, dass er auf dein Rufen gehört hat und möchtest ihn loben und knuddeln. Voller Ungeduld beugst du dich vor. Und plötzlich ist sich dein Racker gar nicht mehr so sicher, ob er kommen soll. Er wird unsicher, langsamer oder bleibt stehen. Du fragst dich warum? Du hast dein Gewicht nach vorn verlagert. Wahrscheinlich lächelst du mit weithin sichtbaren Zähnen und schaust ihn direkt an. Für deinen Kleinen ein eindeutiger Fall: Frauchen/Herrchen droht mir, da geh ich jetzt besser nicht hin.

Bleibe stattdessen aufrecht stehen. Du kannst dich sogar ein wenig nach hinten lehnen. Breite die Arme einladend aus. So, als wolltest du einen guten Freund begrüßen und umarmen. Du kannst dich ebenso hinhocken, dich zurücklehnen und die Arme ausbreiten. Dabei setzt du ein freundliches Gesicht auf und lächelst mit geschlossenem Mund. Sieht dein kleiner Freund dich in dieser Körperhaltung, brauchst du wahrscheinlich gar nicht mehr zu rufen. Er kommt angesaust, so schnell es seine Welpenbeinchen erlauben.

Eine weit verbreitete Unsitte ist das beliebte auf den Kopf tätscheln. Beobachte mal, wie sich dein Welpe dabei fühlt. Du meinst es gut, aber er duckt sich, dreht sich oft sogar weg. Ein deutliches Zeichen von Unbehagen.

Wenn du ihn streicheln möchtest, nähere deine Hand langsam von der Seite. Berühre ihn erst seitlich am Hals, dann kannst du ihn am ganzen Körper streicheln. Hunde, die sich begrüßen, stürzen nie frontal aufeinander zu. Sie nähern sich einander immer in einem Winkel, von der Seite her.

Du solltest deine Fellnase nie ohne Vorwarnung von hinten anfassen. Der Kleine wird sich erschrecken.

Achte immer auf die Signale, die dein Kleiner aussendet und geh darauf ein.

Bleibe stets besonnen und vermeide unnötige Gesten und zu viel Mimik, das verwirrt deinen Welpen. Mit einer klaren, eindeutigen Kommunikation schaffst du die Basis für gegenseitiges Vertrauen und Vertrauen ist die Grundlage, um eine starke Bindung aufzubauen.

4.

Bindung

Als dein Welpe bei dir eingezogen ist, sind alle seine Kontakte, zur Mutter, den Geschwistern und den Menschen der Familie des Züchters, abrupt abgebrochen. Das ist für das Rudeltier Hund / Wolf eine schlimme Sache. Für einen kleinen Welpen ist sie sogar lebensbedrohend. Allein auf sich gestellt kann er nicht überleben.

Aus diesem Grund sucht dein Schützling instinktiv nach einer neuen Bezugsperson, ob Mensch oder ein anderer Hund ist ihm egal. Er sucht Schutz, jemanden, dem er vertrauen kann, der ihn umsorgt, mit dem er Körperkontakt pflegen kann, der sich mit ihm beschäftigt. Er braucht Regeln, Rituale und jemand, der ihm seine Grenzen aufzeigt.

An diesen Jemand wird er sich emotional binden, er wird für den kleinen Racker unersetzlich, der Nabel seiner Welt. Er wird ihn heiß und innig lieben. Diesen Jemand wird er aus tausenden Menschen herausfinden und seine Nähe suchen. Dieser Jemand hat einen Freund fürs (Hunde-)Leben gefunden, mit dem er durch dick und dünn gehen kann. Sei du genau dieser Jemand für deinen kleinen Welpen.

Was ist Bindung?

Bindung ist ein Gefühl des Zusammengehörens und des gegenseitigen Vertrauens. Es braucht Zeit, bis sich dieses Gefühl einstellt und festigt. Indem Tiere in der Natur eine Bindung eingehen, verbessern sie ihre Überlebenschancen. Gemeinsam im Rudel ist man stärker als allein. Man kommt sicherer an Nahrung und genießt den Schutz der Gruppe. In kalten Winternächten ist die Körperwärme der Rudelgenossen angenehm, in kritischen Situationen steht man dem Gegner nicht allein gegenüber.

Bindung ist eine emotionale Sache, Gefühle spielen eine große Rolle. Wenn du für deinen Welpen keine Gefühle entwickeln kannst, kannst du keine Bindung zu ihm aufbauen. Genauso, wie dein Welpe eine Bindung zu dir aufbaut, baust auch du eine Bindung zu deinem Welpen auf. Soll Bindung wirklich funktionieren, muss sie von beiden Seiten kommen, einseitige Bindungen funktionieren nicht.

Wieso bindet sich dein Welpe an dich?

Dass sich Tiere zu Gruppen, lebenslangen Partnerschaften oder Brutpaaren zusammenfinden, sichert das Überleben der Art. Generelles Bindeverhalten ist genetisch fixiert. Die spezielle Bindung von Hunden zu Menschen hat sich im Laufe der Evolution entwickelt und ist einzigartig. Das heißt noch nicht, dass sich dein Welpe automatisch an dich bindet, nur weil du eben gerade da bist. Ob dein Welpe eine Bindung zu dir oder einem anderen Menschen aufbaut, hängt von einer guten Sozialisierung, die schon beim Züchter beginnt, ab. Im Alter von drei bis ca. dreizehn Wochen entscheidet sich, ob ein Welpe soziale Kontakte zu Menschen aufbauen kann. Lernt er in dieser Zeit Menschen gut kennen, wird er starke Beziehungen zu seinem Menschen entwickeln können. Am leichtesten bindet sich ein Welpe im Alter bis zu vier Monaten an eine feste Bezugsperson. Bei guter Sozialisierung kann er sich selbst als erwachsener Hund noch an eine andere Person gewöhnen und sich fest binden.

Welpen, die bis zu einem Alter von vierzehn Wochen keinen Kontakt zu Menschen hatten, sind ihr Leben lang nicht dazu in der Lage, eine Bindung mit Menschen einzugehen. Sie werden den engen Kontakt zu Menschen vermutlich stets meiden.

Neben der Sozialisierung haben viele weitere Faktoren Einfluss darauf, wie eng die Bindung zwischen deinem Welpen und dir wird. Eine gute Bindung will erarbeitet werden, sie entsteht nicht von allein. Hast du es geschafft, wird deine kleine Fellnase dein Leben bereichern.

Warum ist eine feste Bindung wichtig?

Für ein harmonisches Miteinander in der Familie ist eine enge Verbindung zwischen den einzelnen Familienmitgliedern notwendig. Das gilt ebenso für deinen Welpen. Damit er sich normal entwickeln und seine neue Welt entdecken kann, braucht er Sicherheit, Körperkontakt und feste Regeln. All das bekommt er, wenn er sich an dich bindet. Mit dir als Bezugsperson wird er ein glückliches, erfülltes Leben führen. Er wird zum wertvollen Mitglied deiner Familie, den niemand mehr missen möchte. Ein kooperationsbereiter Partner, dessen Nähe angenehm und problemlos ist.

Welpen, die nie eine Bindung aufbauen konnten, zeigen Verhaltensstörungen, sind nervig und werden schnell lästig.

Wie baust du eine Bindung auf?

Du hast deinen Welpen aus seiner vertrauten Umgebung gerissen, warum also sollte er ausgerechnet dir vertrauen?

Der Umzug in sein neues Zuhause ist für einen Welpen eine anstrengende und zugleich aufregende Zeit.

Zeige ihm, dass alles, was mit dir zu tun hat, positiv für ihn ist. Von dir bekommt er sein Futter, du spielst mit ihm, gehst mit ihm spazieren, ihr kuschelt zusammen. Du erkennst, wann dein Schützling Gassi muss, wann er in Ruhe gelassen werden möchte, wann er Schutz braucht usw.

Eine wichtige Zutat beim Bindungsaufbau ist Spaß. Habt so viel Spaß zusammen, wie möglich. Dann klappt es mit der Bindung.

Die ersten Schritte

Schon bevor der Welpe einzieht, sollte innerhalb der Familie geklärt werden, wer die Hauptbezugsperson für ihn sein soll. Diese Person wird sich hauptsächlich um den Neuankömmling kümmern. Das soll nicht heißen, dass der Rest der Familie keinen Kontakt zu dem kleinen Fellbündel haben darf. Selbstverständlich dürfen alle mit ihm spielen und knuddeln. Dem Welpen fällt es leichter sich einzugewöhnen, wenn er sich zuerst an eine Person binden kann. Stell dir vor, du kommst in eine völlig fremde Umgebung. Fünf bis sechs fremde Menschen sind da und alle reden auf dich ein. Drei von ihnen wollen dich streicheln, ein Vierter wedelt mit einem Ball vor deiner Nase herum und Nummer fünf versucht, dir Käsehäppchen in den Mund zu schieben! In deiner Not kriechst du unter das Sofa, das dort steht und kommst erst einmal nicht mehr hervor.

Genauso überfordert ist dein Welpe bei zu vielen Bezugspersonen. Er weiß dann nicht, an wen er sich halten, nach wem er sich richten soll.

Da du seine Bezugsperson bist, kümmerst du dich um alles, was den kleinen Kerl betrifft. Überhaupt solltest du so viel Zeit wie möglich mit deinem Welpen verbringen. Dann lernt er dich kennen und schätzen. Das ist der erste Schritt, dass dein Welpe dir vertraut.

Vertrauen

Jemandem zu vertrauen ist nicht leicht. Fremden gegenüber bist du wahrscheinlich erst einmal misstrauisch. Vertrauen ist ein wertvolles Gut und will erarbeitet werden. Sicherlich gibt es in deinem Leben Menschen, denen du vertraust. Wer sind sie und vor allem wie sind sie, damit sie dein Vertrauen verdienen? Mit Sicherheit kennst du die betreffenden Personen schon länger. Du hast schon viel mit ihnen erlebt, ihr habt Zeit miteinander verbracht und kennt euch gut. Du weißt, wenn mein Freund Max das sagt, dann meint er es auch so. Er hält immer was er verspricht, und sagt dir die Wahrheit. Du kannst dich auf ihn verlassen. Brauchst du Hilfe, ist dein Freund für dich da.

Dein Welpe merkt schnell, ob er sich auf dich verlassen kann oder nicht.

Steht sein Futter pünktlich da? Ein fester Tagesablauf ist wichtig für solch einen kleinen Kerl. Er kennt die Futterzeiten spätestens am dritten Tag genau. Wenn er weiß, ich bekomme in einer Stunde mein Futter, kann er entspannt abwarten. Er braucht nicht unruhig umherzuwandern oder zu betteln. Feste Futterzeiten geben Sicherheit.

Bist du konsequent oder ist heute erlaubt, was gestern noch verboten war? Konsequenz schafft Sicherheit. Wonach soll sich deine Fellnase richten, wenn du selbst alle Regeln brichst? Ist dein Bett heute für ihn verboten, ist es das morgen, übermorgen und nächste Woche auch.

Gehst du mit ihm Gassi, auch wenn es gerade regnet oder ein spannender Krimi im Fernsehen läuft?

Bietest du ihm Schutz, wenn er Angst hat? Ob die Angst berechtigt ist oder nicht, dein Racker braucht dann auf jeden Fall deine Zuwendung. Wobei es ihm nicht hilft, wenn du ihn bedauerst oder in seiner Angst bestärkst. Stell dich zwischen deinen Welpen und die Gefahr, sei es ein fremder Hund oder ein Heuballen, der da gestern noch nicht lag. Den fremden Hund blockst du ab, er könnte wirklich gefährlich sein. Mach dich groß, mach mit Armen und Händen eine Blockbewegung. Sag ihm mit fester Stimme: „Verschwinde!“, „Geh weg!“ oder „Geh nach Hause!“. Den gefährlichen Heuballen erkundet ihr beide zusammen. Geh langsam mit deinem Welpen in Richtung Ballen. Lass ihn schnüffeln und schauen. Gib ihm die Zeit, die er braucht. Zeig ihm, dass der Heuballen harmlos ist. Fass ihn an, setz dich darauf o. Ä.

Solche kleinen Abenteuer, die ihr gemeinsam besteht, festigen eure Bindung enorm. In diesen Situationen ist es wichtig, dass du ruhig und gelassen bleibst. Es ist schwer Vertrauen aufzubauen, wenn Frauchen/Herrchen ein hysterisches Nervenbündel ist. Von einem Fels in der Brandung fühlt sich dein Kleiner wesentlich besser beschützt.

Wenn dein Welpe dir vertrauen soll, musst du ebenso deinem Welpen vertrauen. Welpen sind eifrig bemüht alles richtig zu machen. Wenn es mal nicht klappt und ihm ein Fehler unterläuft, sei nicht böse auf ihn. Es kann oder weiß es eben noch nicht besser. Korrigier ihn und habt Spaß zusammen.

Zeit

In dem Moment, wo du deinen Welpen zum ersten Mal beim Züchter besuchst, beginnt ihr beide eine Bindung einzugehen. Vielleicht hast du vorher schon ein Foto in einer Anzeige oder auf der Homepage gesehen und dich in genau diesen Welpen vernarrt. Eventuell haben dich sein frecher Blick oder die niedlichen Öhrchen dazu veranlasst, beim Züchter anzurufen. Dann hat die Bindung zu deinem Welpen schon begonnen, bevor du ihn überhaupt kanntest.

Diese erste noch zaghafte Bindung gilt es, in den nächsten Wochen, Monaten und Jahren weiter auszubauen und aufrechtzuerhalten. Bindungsaufbau braucht Zeit. Du kannst eine feste Bindung nicht erzwingen, sie entwickelt sich. Je länger ihr euch kennt, umso fester wird das Band der Bindung zwischen euch.

Verständnis

Hast du schon herausgefunden, was deinem Welpen den meisten Spaß macht? Wildes Toben, einem Ball Hinterherjagen, Zerrspiele oder hat er ein anderes Hobby? Geh mit ihm zusammen diesem Hobby nach, spielt Ball, sucht die versteckte Futtertasche. Dein Kleiner wird einen Riesenspaß haben und sich sauwohl bei dir fühlen.

Selbst dein quicklebendiger Welpe braucht Ruhezeiten. Respektiere es, wenn er sich in sein Körbchen zurückzieht. Das geplante Spiel oder die Kuschelstunde verschiebst du eben auf später.

Hab Verständnis für die Bedürfnisse deiner Fellnase, hilf ihm, sie zu befriedigen. Wenn er Gassi muss, geh mit ihm raus. Sofort, auch wenn es dir gerade nicht passt. Überlege dir, wie es dir geht, wenn du ein Bedürfnis hast und nicht zur Toilette darfst. Im schlimmsten Fall löst sich dein Kleiner auf dem Teppich. Hat er dir vorher signalisiert, dass er raus muss, ist es nicht seine Schuld. Die Schuld liegt eindeutig bei dir. Ganz falsch wird es, wenn du deinen Welpen jetzt für die Pfütze noch bestrafst. Dann geht ein großes Stück Vertrauen und Bindung für immer dahin.

Eine ähnliche Situation. Ihr geht spazieren. Dein Welpe hüpft munter umher und entdeckt ein spannendes Mauseloch, mit dem er sich intensiv beschäftigt. Ein Radfahrer kommt um die Ecke. Du rufst deine Fellnase, weil du ihn anleinen möchtest. Dein Racker kommt natürlich nicht, weil er viel zu beschäftigt ist und dich komplett ignoriert. Du hilfst ihm, wenn du jetzt Verständnis aufbringst. Am besten ist es, wenn du gar nicht erst rufst. Wenn du weißt, er kommt sowieso nicht, geh hin und leine ihn dort an, wo er ist. Mit allem anderen wäre der Kleine jetzt überfordert. Wird er älter, ihr habt den Rückruf unter Ablenkung trainiert, kann er auf deinen Ruf reagieren und herankommen. Dann solltest du das von ihm verlangen.

Überfordere vor allem zu Anfang deine kleine Fellnase nicht mit zu viel Neuem. Fang langsam an. Wenn du merkst, es wird ihm zu viel, nimm ihn aus dem Geschehen. Auch wenn es den Nachbarskindern viel Spaß macht, mit dem Fellbündel zu spielen. Wird der Kleine müde, ist Schluss für heute.

Achte auf die Signale, die dein Kleiner aussendet. Wenn er dich um Hilfe bittet, unterstütze ihn. Hat er Angst vor lauten Geräuschen, nimm ihn bei Gewitter auf den Arm und beruhige ihn. Wie wäre es, wenn du deine Musikanlage ein wenig leiser drehst? Müssen Knaller an Silvester sein? Vergiss das Ausgehen und die Party. Sei in diesen furchtbaren Stunden lieber für deinen Welpen da und nimm ihm die Panik.

Meldet dein kleiner Wachhund, dass er etwas Ungewöhnliches gehört oder gesehen hat, geh nachschauen. Bringe dabei dich (deinen Körper) zwischen deinen Welpen und den Grund der Aufregung. Ist im Nebenzimmer ein Buch vom Regal gefallen, geh mit deiner Fellnase gemeinsam hin, zeig ihm das Buch und hebe es wieder auf. Dein Welpe lernt dadurch, dass du die Entscheidung triffst, ob eine Gefahr besteht oder nicht. Du entscheidest was zu tun ist, du nimmst ihm den Stress und gibst ihm Sicherheit. Überlässt du deinem Welpen die Entscheidung, ist er erstens überfordert und zweitens gewöhnt er es sich womöglich an und trifft häufiger Entscheidungen. Er lernt, ich muss mich um alles selbst kümmern. Er ist unsicher und glaubt, auf sich allein gestellt zu sein. Das kann zu erhöhter Ängstlichkeit oder zu Aggressionsbereitschaft führen. Für eure Bindung ist solches Verhalten Gift.

Zusammensein

Beschäftige dich so viel wie möglich mit deinem Welpen. Es müssen nicht unbedingt großartige Aktionen sein. Es genügt, wenn du da bist und er in deiner Nähe liegt oder spielt.

Richtig Spaß macht es natürlich, wenn ihr zusammen auf Entdeckungstour durch euer Stadtviertel geht, einen neuen Weg im Park oder Wald ausprobiert oder erforscht, wie tief diese Pfütze dort drüben ist.

Geh nicht einfach mit ihm spazieren, das ist langweilig. Klettert unterwegs über Baumstämme oder balanciert darauf. Rennt einen Abhang hoch oder hinunter, kriecht unter tief hängenden Ästen durch oder kreiselt um Baumstämme. Dabei verbessert dein kleiner Freund nebenbei seine Koordination und lernt seinen Körper kennen.

In der Stadt gibt es ebenfalls viel zu entdecken. Der erste Besuch auf dem Wochenmarkt mit vielen Menschen und fremden Gerüchen. Eine Rolltreppe oder ein Fahrstuhl wollen kennengelernt werden, die erste Fahrt mit der Straßenbahn ist wahnsinnig aufregend.

Diese gemeinsamen Erlebnisse schweißen euch als Team zusammen.

Körperkontakt

Direkter Körperkontakt ist für junge Welpen enorm wichtig. Sie sind ihn von den Geschwistern und der Mutter gewöhnt. Sucht dein Kleiner in den ersten Tagen bei dir Körperkontakt, solltest du ihm diese Bitte unbedingt gewähren. Er braucht die Wärme und die Sicherheit in der fremden Umgebung.

Später musst du nicht jeder Bitte nach Kuscheleinheiten nachgeben. Wenn es im Moment überhaupt nicht passt, ignorierst du sie. Dein Welpe wird dir das nicht übelnehmen, es sollte nur nicht allzu oft passieren. Wenn du keine Zeit für ihn hast, weil du am Schreibtisch arbeitest, kann es sich dein Kleiner zu deinen Füßen gemütlich machen. Welpen lieben die Höhle, die der Fußraum eines Schreibtisches bildet. Eventuell stattest du sie mit einer Decke oder einem Kissen aus? Wenn dein Welpe nicht allzu groß ist, passt er womöglich zwischen dein Gesäß und die Stuhllehne. Dann habt ihr perfektes Kontaktliegen und du kannst deine Arbeit erledigen.

Körperkontakt kann bedeuten, dass ihr zusammen kuschelt und knuddelt, du deinen Welpen streichelst oder ihr einfach nebeneinander auf dem Sofa liegt. Dein Welpe darf nicht aufs Sofa? Dann leg dich mit ihm auf den Boden. Bei Körperkontakt wird das Hormon Oxytocin ausgeschüttet, es sorgt für Harmonie und Geborgenheit. Gemeinsames Kuscheln stärkt das Gefühl des Zusammengehörens. Du knuddelst deinen Vierbeiner mit den Händen, im Gegenzug wird er dich hingebungsvoll ablecken. Lass es zu, du kannst dich hinterher waschen. Bei Hunden oder Wölfen, die sich gut kennen, gehört es zum guten Ton sich gegenseitig die Schnauze zu lecken. Fühle dich geehrt, du bist ins Rudel aufgenommen!

Während einer intensiven Kuscheleinheit kann es passieren, dass dein Kleiner vor lauter Wonne anfängt, an deinen Pulloverärmeln oder Hemdmanschetten zu kauen. Zieh ihm den Stoff vorsichtig aus dem Schnäuzchen und steck ein Kauspielzeug hinein. Er wird mit der gleichen Begeisterung darauf weiter kauen und deine Sachen bleiben intakt.

Fellpflege, kämmen oder bürsten, zählt ebenso zum Körperkontakt. Hast du dein Fellbündel langsam und vorsichtig mit Bürste und Kamm vertraut gemacht, wird er es genießen. Mama hat ihn schließlich auch mit ihrer Zunge saubergeleckt und massiert.

Alle Welpen lieben leichte Massagen und Berührungen. Konzentriere dich auf deinen Welpen, die Welt um euch herum verschwindet. Berühre ihn nur ganz leicht mit deinen Händen. Streiche ihm leicht über den Rücken, die Seiten, die Beinchen hinunter. Lass sein Fell durch deine Fingerspitzen gleiten. Massiere vorsichtig seine Ohren zwischen Daumen und Zeigefinger. Dein Kleiner wird sich wunderbar entspannen und herunterfahren. Du selbst kannst loslassen und entspannst ebenfalls. Genießt die Harmonie und den Gleichklang zwischen euch.

Kommunikation

Zu guter Letzt, die Kommunikation zwischen euch muss stimmen. Du musst dich deinem Welpen gegenüber klar und deutlich ausdrücken können. Er muss verstehen, was du von ihm erwartest. Nur dann kann er diese Erwartungen erfüllen.

Tut dein Schlingel nicht das, von dem du glaubst, ihm gesagt zu haben, geh in dich. Bevor du mit ihm schimpfst, überlege dir, was du falsch gemacht haben könntest. Hat deine Stimme nicht zur Körperhaltung oder Miene gepasst? Ähneln sich zwei Kommandos, hat dein Welpe es eventuell verwechselt oder er ist sich nicht sicher, was er tun soll. In dem Fall tut er erst einmal gar nichts und wartet ab, ob du noch deutlicher wirst. Eventuell zeigt er eine Übersprunghandlung, die du falsch interpretierst.

Viele Welpen und Hunde haben ein Problem, die Kommandos „Sitz“ und „Platz“ zu unterscheiden. Beide enden auf „tz“ und hören sich für Hundeohren ähnlich an. Sie wollen das Kommando gern befolgen, machen es aber leider oft falsch. Dann ist Frauchen / Herrchen enttäuscht.

Das merkt deine kleine Fellnase und wird unsicher. Er hat doch alles richtig gemacht oder nicht? Und wieso ist jetzt falsch, was vor ein paar Minuten noch richtig war? Frauchen/Herrchen hat sich doch gefreut, er hat eine Belohnung bekommen. Dieses Missverständnis vermeidest du, wenn du nicht „Platz“ verwendest, nimm ein anderes Wort, eventuell „Down“.

Ab und zu ein Missverständnis ist nicht tragisch, das passiert. Es darf nur nicht allzu häufig passieren. Wie würdest du reagieren? Du bekommst deine Arbeitsanweisungen in Chinesisch. Du kannst kein Chinesisch, deshalb reimst du dir anhand von Abbildungen zusammen, was gemeint sein könnte. Das erledigst du mit viel Eifer und gewissenhaft. Dann kommt dein Chef und ist unzufrieden! Offensichtlich hast du das Falsche getan. Das passiert öfter. Du gibst dir Mühe, dein Chef meckert. Meinst du nicht, dass dir früher oder später egal ist, was du tust? Es ist ja eh falsch! Und deinen Chef, den konntest du sowieso nie so recht leiden. Er hat dich zu einer Party eingeladen. Aber warum solltest du da hingehen? Dein Vertrauen in ihn ist dahin.

Die richtige Verständigung bringt Sicherheit. Sicherheit schafft Vertrauen und Vertrauen ist die Grundlage jeder Bindung.

Rituale für mehr Entspannung

Rituale helfen deiner Fellnase, besser mit stressigen Situationen umzugehen. Dein Welpe würde dich am liebsten überall hin begleiten. Das geht leider nicht, zeitweise wirst du ihn allein lassen müssen. Mit entsprechendem Training kann er das lernen. Du kannst ihm die Trennung leichter machen, wenn du ein Ritual einführst. Verabschiede dich immer mit den gleichen Worten von ihm, möglich sind „Bleib schön hier", „Ich bin bald wieder da" oder „Du kannst jetzt nicht mit". Dein Kleiner weiß dann, du gehst jetzt, das führt erst einmal zu Stress. Gleichzeitig weiß er, dass du wiederkommst. Das hat er im Laufe der Zeit gelernt. Er kann entspannen. Hast du feste Zeiten, zu denen du gehst und wieder zurückkommst, ist es noch leichter für deinen Kleinen.

Bist du unbestimmt weg, kann das schnell zu Verlassensängsten führen. Stundenlanges Jaulen, Bellen, Heulen, Teppich Zerkauen usw. sind die Folge.

Dein Welpe muss es erst lernen, dass er keine Angst zu haben braucht, wenn er allein ist. Er lernt ebenfalls, dass er sich darauf verlassen kann, dass du wiederkommst. Wie das geht, erfährst du im Kapitel Erziehung.

Ist es nicht viel entspannter, wenn dein Welpe in seinem Körbchen liegt, wenn du isst, als wenn er ständig am Tisch nervt? Auch hier hilft ein Ritual. Gib ihm sein Futter, bevor du isst. Dann ist er satt und wird schläfrig. Es fällt ihm leichter, im Körbchen zu bleiben. Das Bleiben im Körbchen will natürlich geübt werden, hier hilft dir das Kapitel Erziehung weiter.

Ein Abendritual hilft beim Herunterfahren und Einschlafen. Geht noch einmal kurz vor die Tür, bring deine Fellnase in sein Schlafkörbchen und kuschelt noch einen Moment. Danach könnt ihr beide besser einschlafen.

Wahrscheinlich fallen deiner kleinen Fellnase noch weitere Rituale ein, oder sie ergeben sich im Laufe eures Zusammenlebens von allein.

Regeln und Grenzen als Grundlage

Regeln und Grenzen schaffen Sicherheit. Über feststehende Dinge brauchst du nicht nachzudenken. Ein simples Beispiel ist eine Fußgängerampel. Ohne Ampel musst du den Verkehr beobachten und dann entscheiden, wann du die Straße überquerst. Du musst berücksichtigen, wie schnell das Auto dort hinten näherkommt und wie schnell du laufen kannst. Schaffst du es, Ja oder Nein? Diese Entscheidung muss dein Hirn treffen und deine Muskeln gegebenenfalls in Bewegung setzen. Nebenbei musst du die andere Fahrtrichtung im Auge behalten, von dort könnte ebenfalls ein Fahrzeug kommen. Dein Gehirn und deine Augen haben gut zu tun. Anders ist die Situation an einer Fußgängerampel. Hier nimmt dir die Ampel die Entscheidung ab. Es gilt die Regel: „Bei Rot bleib stehen, bei Grün kannst du gehen." Mehr brauchst du nicht zu wissen, um die Straße sicher und entspannt zu überqueren.

Dein Welpe buddelt für sein Leben gern. Sicherlich findest du Löcher in der Blumenrabatte oder zerwühlte Gemüsebeete nicht lustig. Es gibt eine Lösung, die euch beide zufrieden stellt. Such eine Ecke im Garten aus, wo deine Fellnase nach Herzenslust buddeln darf. Dann stellst du die Regel auf, dass er ausschließlich in dieser Ecke buddeln darf. Dein kleiner Buddler ist entspannt, weil er seiner Lieblingsbeschäftigung nachgehen kann, ohne Ärger zu bekommen. Du bist entspannt, weil deine Pflanzen in Ruhe wachsen können. Du musst nicht mehr ständig auf deinen Welpen aufpassen, dass er dir nicht die Kohlrabis ausgräbt. Vorher muss dein Kleiner lernen, dass er zum Buddeln in die Buddelecke geht. Genau wie deine Eltern dir erklärt haben, dass du bei Rot nicht über die Straße gehen darfst. Tipps dazu findest du im Kapitel Erziehung.

Regeln engen nicht ein, im Gegenteil, Regeln schaffen Freiraum. Durch die Regel kann deine Fellnase ganz entspannt seinem Hobby nachgehen und viel Spaß haben. Vorher war es verboten, bzw. mit Stress verbunden. Hast du einen Beagle? Ihm steckt das Buddeln in den Genen. Hinderst du ihn daran, sucht er sich ein anderes Hobby. Ob das neue Hobby deine Zustimmung findet, ist fraglich. Schuhe oder Kissen zerkauen sind beliebte Ausweichbeschäftigungen.

Überfordere deinen Zwerg nicht mit zu vielen Regeln. Er ist noch ein Baby und will Spaß haben.

Wenn es gerade mal nicht so gut läuft

Das kann verschiedene Ursachen haben. Eventuell hast du aus Unwissenheit ohne böse Absicht Fehler gemacht, eventuell war die Sozialisierung beim Züchter nicht gut oder er ist noch nicht lange genug bei dir und braucht noch mehr Zeit.

Vielleicht hat dein Welpe den Eindruck, dass er ohne dich viel mehr Spaß hat. Dann solltest du dich ins Zeug legen und euren Alltag spannender gestalten. Lustige Spiele, spannende Abenteuer, bring mehr Abwechslung in das Leben deines Vierbeiners. Wichtig ist jetzt, dass du ihm nicht einfach ein Spielzeug hinwirfst, spiel mit ihm gemeinsam damit. Dann macht es dem kleinen Kerl viel mehr Spaß und er ist mit dir zusammen.

Hast du einen aktiven, arbeitswilligen Welpen, reicht ihm ein normales Spiel nicht. Bring ihm einfache Tricks bei. Er kann Baumstämme, Pfähle, Eimer oder auf dem Boden stehende Flaschen umrunden. Damit er weiß, was er tun soll, stellst du dich mit ihm vor den Eimer oder was auch immer. In deiner rechten Hand hast du ein Leckerchen. Führe die Hand in Schnäuzchenhöhe um den Eimer. Dein Welpe wird ihr folgen. Ist er einmal herum, bekommt er das Leckerli. Das macht ihr einige Male. Dann zeigst du mit der leeren Hand zum Eimer. Hat dein Kleiner die Übung verstanden, läuft er herum. Wenn nicht, braucht er noch Hilfe. Führe ihn wieder mit dem Leckerchen. Ist er wieder bei dir angekommen, bekommt er sein Leckerchen. Zur Abwechslung schickst du ihn zwischendurch mit der linken Hand links herum. Klappt das, gehst du einen Meter zurück. Weise wieder mit der Hand zum Eimer. Funktioniert es, kannst du immer weiter weg gehen. Funktioniert es nicht, braucht dein Schüler noch mehr Zeit. Dann gehst du wieder ein Stück dichter an den Eimer heran. Lass deinen Racker in seinem Tempo lernen, ihr habt alle Zeit der Welt. Wichtig ist nur, dass ihr gemeinsam Spaß habt. Hast du einen großen Pappkarton? Auf die gleiche Weise kann dein Wirbelwind auch den umrunden. Mit Pappkartons geht aber noch viel mehr. Da kann er hineinhüpfen! Er kann sich darin hinsetzen oder hinlegen, bis du ihm mitteilst, dass er wieder raus darf. Seid kreativ und habt Spaß! Wenn du noch einen draufsetzen möchtest, füllst du den Karton mit Knüllpapier. Zwischen das Papier versteckst du Leckerchen. Und dann lass deinen Zwerg hinein. Er wird es lieben!

Es gibt Welpen, die sich schwertun, mit ihrem Menschen irgendetwas zu tun. Das Einzige, wofür sie zu haben sind, sind Kuscheleinheiten. Spazierengehen? Jetzt? Nö, ich bleib hier sitzen. Wenn du willst, dass ich mitkomme, musst du mich an der Leine hinterherschleifen! Was soll ich? Spielen? Dazu hab ich keine Lust. Diesem Mitmachverweigerer musst du zeigen, wie viel Spaß es macht, mit dir etwas zu unternehmen. Zeig ihm wie du dich freust, wenn er angeleint ein winziges Schrittchen in Richtung Tür macht. Sei ehrlich begeistert, das überträgt sich auf deinen Welpen. Wenn du nur so tust als ob oder zu überschwänglich reagierst, merkt deine kleine Fellnase das und es funktioniert nicht. Natürlich muss er für dieses Schrittchen eine Belohnung bekommen. Wie immer lass ihm Zeit. Freu dich über dieses erste Schrittchen, morgen sind es eventuell zwei oder drei. Sei begeistert über jeden winzigen Fortschritt und hab Geduld. Der Anfang zieht sich schleppend langsam dahin. Im Allgemeinen ist es so, dass es ab einem gewissen Punkt von selbst läuft. Am schwersten sind die ersten Schritte. Dann hat er sich überwunden und kommt mit dir mit. Geh zuerst nicht allzu weit. Du kannst eure gemeinsamen Streifzüge langsam länger werden lassen. Achte darauf, dass ihr unterwegs Spaß habt. Das Spiel mit den Leckerlis im Pappkarton bietet sich hier ebenfalls an. Mit dem Unterschied, dass du mit deinem Welpen zusammen zwischen dem Knüllpapier nach den Schätzen suchst. Kann dein Kerlchen sich nicht dazu durchringen, in die Schachtel zu klettern, setz ihn hinein. Entdecke mit ihm zusammen die tollen Sachen, die da versteckt sind! Zeig ihm eines, „Oh schau mal da!“ und „Hei, da ist noch mehr!“. Das sollte deinen kleinen Spielemuffel munter machen.

Im Alter von sieben bis zwölf Monaten wird aus deinem kleinen Welpen ein Junghund. Hündinnen werden das erste Mal läufig, junge Rüden mutieren zu Halbstarken. In dieser Entwicklungsphase werden für die heranwachsenden Hunde andere Reize interessant. Du stehst im Moment nicht an erster Stelle in seinem Leben. Es kann sein, dass er gerade keine Lust hat, zu tun was du möchtest. Eventuell bietet er dir etwas anderes an oder er ignoriert dich.

Ihr Körper verändert sich, sie kommen in die Pubertät. Hauptsächlich Rüden werden selbstsicherer, sie stellen ihren Platz im Rudel infrage. Es kann passieren, dass dein sonst stubenreiner Welpe plötzlich anfängt, die Wohnung als sein Revier zu markieren. Besonders frech wird es, wenn er dich markiert, indem er dir ans Hosenbein uriniert. Solch ein Verhalten solltest du auf jeden Fall unterbinden. Mach dem Racker eindeutig klar, dass du das nicht duldest. Du darfst jetzt nicht wütend werden, das würde den Gernegroß in seinem Tun bestätigen. Bleib ruhig und souverän, weise ihn mit einem scharfen „Nein" und einem harten, direkten Blick in seine Schranken. Pluster dich dabei ruhig ein wenig auf. Geh in deinem Imponiergehabe so weit, wie es sein muss, aber übertreibe nicht. Wenn du merkst, dein Jungspund wird unsicher, weicht aus, duckt sich oder sieht zur Seite, kannst du damit aufhören.

Mit einem kleinen Trick kannst du deinen Welpen davon überzeugen, dass du noch immer wichtig für ihn bist. Gib ihm sein Futter nicht im Napf, sondern füttere ihn aus der Hand. Das geht am besten mit Trockenfutter. Wiege seine Ration ab und fülle sie in eine Tüte oder Dose, die du ständig bei dir trägst. Rufe ihn auf euren Spaziergängen oder in der Wohnung öfter heran. Kommt er, bekommt er ein paar Bröckchen Futter. Lass ihn zwischendurch all die kleinen Übungen und Tricks machen, die er kann. Jedes Mal gibt es bei richtiger Ausführung ein oder zwei Bröckchen. Er muss sich sein Futter verdienen, du verwaltest es.

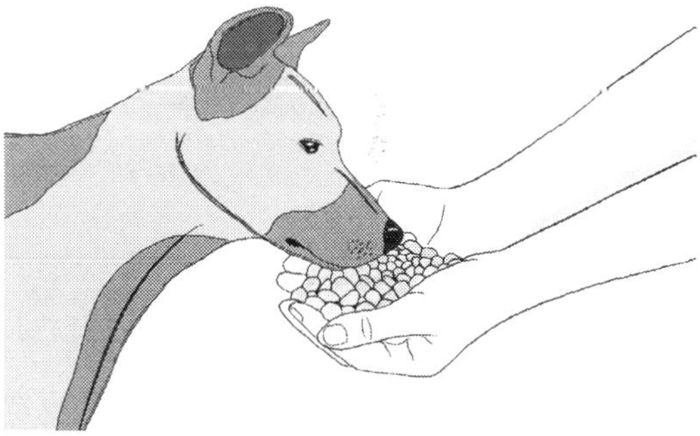

Ihr geht spazieren. Dein Welpe kümmert sich nicht um dich und geht seiner Wege. Versteck dich hinter einem Baum, einer Hausecke oder was gerade da ist. Jetzt wartest du ab, wie lange es dauert, bis dein Racker bemerkt, dass er allein ist. Wahrscheinlich wird er dann anfangen, dich zu suchen. Dauert es zu lange bis er dich findet, kannst du ihn rufen, bevor er zu frustriert ist. Hat er dich gefunden, feiert eine Freudenparty! Dabei lernt dein Kleiner, dass er auf dich achten muss. Es ist nicht selbstverständlich, dass du da bist, er muss seinen Teil zum gemeinsamen Spaziergang beitragen.

Versuche so oft wie möglich, Blickkontakt zu deiner Fellnase herzustellen. Egal, ob in der Wohnung oder unterwegs. Schau ihn freundlich, mit weichem Blick an. Eventuell kombinierst du den Blick mit ein, zwei netten Worten. Kommt er darauf zu dir, spiel mit ihm oder knuddelt beide.

Verloren gegangenes Vertrauen neu aufzubauen ist nicht leicht und ein langwieriger Prozess. In ganz kleinen Schritten kannst du es schaffen, hab Geduld und vertrau deinem Welpen.

Wenn gar nichts mehr funktioniert!

Dein Welpe ist durch ein für ihn unangenehmes Ereignis total verschreckt und verängstigt. Er versteckt sich, lässt sich nicht anfassen und meidet dich?

Dann braucht er dringend Hilfe. Es hilft ihm nicht, wenn du ihn jetzt bedrängst, ständig lockst oder auf den Arm nehmen willst. Dadurch wird sein Meideverhalten nur noch schlimmer.

Offenbar bringt er dich mit dem Ereignis in Zusammenhang. Die Sicherheit und Geborgenheit, die er vorher bei dir gefunden hat, ist verschwunden. Er fühlt sich auf sich allein gestellt und sucht Schutz in seinem Versteck.

Was er jetzt braucht, ist Zeit. Lass ihn zur Ruhe kommen. Wenn er sich zurückzieht, lass ihn. Wenn er eine Mahlzeit auslässt, ist nicht schlimm. Wasser muss er immer haben. Vor sein Versteck solltest du eine Wasserschüssel stellen. Lässt er mehrere Mahlzeiten aus, auch sein Futter. Kommt er kurz zum Fressen oder Saufen heraus, lass ihn unbedingt in Ruhe.

Findest du während dieser Zeit ein Pfützchen oder Häufchen, wisch es kommentarlos weg. Es kann ebenso sein, dass er sich übergibt. Dein Welpe hat gerade extremen Stress, da passiert so etwas. Bei häufigerem Übergeben musst du darauf achten, dass er genug Flüssigkeit aufnimmt. Welpen dehydrieren leicht.

Warte ab, auch wenn es schwerfällt. Selbst, wenn er sein Versteck verlassen hat und durch die Wohnung läuft. Benimm dich in dieser Zeit ganz normal, wie immer. Das bringt ein wenig Sicherheit für deinen Welpen zurück. Warte, bis der kleine Kerl von sich aus auf dich zukommt. Das kann mehr oder weniger lange dauern. Welpen können ihren Menschen hart auf die Geduldsprobe stellen. Kommt er dann, vorsichtig und unsicher, nimm ihn freudig in Empfang. Schau ihn freundlich an, lächle mit geschlossenem Mund und biete ihm ein Leckerli an. Den Drang, ihn anzufassen solltest du noch unterdrücken. Nimmt er das Leckerli, möchte er anschließend wahrscheinlich mehr. Wenn nicht, steck es wieder weg. Dann ist es noch zu früh. Ist nicht schlimm, der erste Schritt ist gemacht, er wird wiederkommen und es fressen.

Ist er, wenn er sich die Leckerchen abholt, locker und entspannt, kannst du versuchen, ihn vorsichtig von der Seite her anzufassen. Lässt er das zu, ist bald wieder alles beim Alten. Falls nicht, warte noch ein bisschen. Drei bis vier Leckerli später, sieht alles anders aus.

Lässt sich dein Kleiner wieder anfassen, überschütte ihn nicht gleich mit Liebkosungen, außer, er möchte es. Wenn er es möchte, drängt er sich vorsichtig an dich, seine Rute wedelt freudig, die Augen leuchten, das Schnäuzchen ist geöffnet, er sieht dich an. Eventuell sind noch Zeichen von Unsicherheit da. Nun ist es an dir, ihm wieder Vertrauen und Sicherheit zu geben. Falls er für ausgedehnte Kuscheleinheiten noch nicht bereit ist, wird er sich klein machen, zur Seite schauen und sich wahrscheinlich für kurze Zeit zurückziehen. Lass ihn gewähren, ihr seid in eurer Beziehung ein großes Stück vorwärtsgekommen. Mit viel Zeit und noch mehr Geduld wird es wieder.

Wurde das negative Erlebnis durch andere oder fremde Menschen ausgelöst, wird sich dein Kleiner eventuell nicht vor dir verstecken. Er braucht auf jeden Fall in der nächsten Zeit viel Verständnis und Zuwendung.

Verkriecht sich dein Kleiner nach einem traumatischen Erlebnis mit einem fremden Hund (Nicht alle Hunde sind freundlich und den viel zitierten Welpenschutz gibt es nicht.) oder Menschen unter deinem Bett, leg dich zu ihm. So dicht wie es geht, ohne dass er sich bedrängt fühlt. Wenn er es zulässt und es für ihn angenehm ist, leg ihm die Hand auf den Rücken. Damit es für dich nicht zu unbequem wird, leg dich auf eine Decke oder ein Kissen. Er braucht dich jetzt.

Hat dein Welpe eine gute Beziehung zu dir?

Das ist eine spannende Frage. Fast alle Welpenbesitzer werden sie mit Ja beantworten. Aber ist das wirklich so?

Unter Verhaltensforschern gilt eine Bindung zwischen Hund und Mensch als gesichert, wenn:

1. der Hund seinen Menschen unter vielen anderen Menschen erkennt,

2. er bei Gefahr die Nähe seines Menschen sucht,

3. sein Mensch die Ausgangsbasis für alle seine Erkundungsausflüge sind und

4. der Hund seinen Menschen nach einer Trennung freudig begrüßt und entspannt ist.

Der letzte Punkt, das Verhalten deines Welpen nach einer Trennung, sagt viel über euere Bindung aus. Du kennst sicherlich viele Filme in denen Hunde mitspielen. Oft sind die Vierbeiner von ihren Menschen zeitweise getrennt und treffen sich dann wieder. Ist dir schon aufgefallen, dass diese Hunde beim Wiedersehen einen absolut gleichgültigen Eindruck machen? Ihre filmische Bezugsperson ist außer sich vor Freude, die Zuschauer ebenfalls, dass der Hund wieder da ist. Der Hund dagegen zeigt keinerlei Erregung. Er müsste sich überschlagen vor Freude, dass sein geliebtes Frauchen/Herrchen wieder da ist! Das liegt daran, dass der Hund zu diesem Schauspieler, so gut er sein mag, keinerlei Beziehung hat. Es ist ihm egal, ob er da ist oder nicht. Seine Bezugsperson, sein Trainer und/oder Besitzer, hält sich außerhalb des Kamerabereichs auf. Ist der Dreh beendet wird er freudig zu ihm laufen.

Die Begrüßung zwischen dir und deinem Welpen nach einer Trennung sieht hoffentlich anders aus. Wobei es für deinen Racker völlig egal ist, ob du zwei Minuten oder zwei Stunden weg warst.

Woran erkennst du, ob eure Beziehung stimmt?

Für deinen Vierbeiner gibt es keinen schöneren Platz, als den an deiner Seite. Wo immer du bist, er wird neben dir sein. Von hier aus wird er seine Erkundungsausflüge starten und wieder gern zurückkehren.

Dein Welpe hat gelernt zu akzeptieren, dass du ihn zeitweise allein lässt. Er freut sich, wenn du wiederkommst, zeigt jedoch keine Verlassensängste.

Er sucht Schutz bei dir, wenn er Angst hat.

Du bist sein Problemlöser Nummer 1. Sein Ball ist unter das Sofa gekullert und seine Beinchen sind zu kurz, um ihn wieder hervorzuangeln. Was macht dein Racker? Er kommt zu dir und bittet um Hilfe.

Geht es dir mal nicht gut, wird dein Kleiner bei dir sein und versuchen, dich zu trösten. Bist du bei euren Spielen einmal ausgerutscht und hingefallen? War deine Fellnase sofort da und hat sich eifrig um dich bemüht? Herzlichen Glückwunsch: Eure Bindung funktioniert!

Dein Welpe schließt dich in seine Körperpflege mit ein. Hunde pflegen ihr Fell, indem sie es ablecken. Wundere dich nicht, wenn dein Racker versucht, dich am ganzen Körper abzulecken. Freu dich darüber! Wenn du das nicht möchtest, stell die Regel auf, dass er dir deine Hände ablecken darf. Er wird es mit Begeisterung tun.

Ein großer Vertrauensbeweis ist es, wenn dein kleiner Freund bei dir liegt und fest schläft. Dann fühlt er sich in deiner Nähe sicher.

Leg dich auf den Boden. Klettert deine Fellnase neugierig auf dir herum und untersucht deinen Körper? Dann hat er Vertrauen zu dir. Übrigens solltest du dich auch spärlich oder gar nicht bekleidet mit deinem Welpen beschäftigen. Dann riechst du anders, als wenn du Kleidung trägst. Dein Kleiner lernt dich besser kennen.

Er vertraut deinen Entscheidungen. Er ist unsicher, ob man an diesem unheimlichen Ding vorbeigehen kann? Du entscheidest, dass es harmlos ist und gehst weiter. Dein Kleiner wird dir vertrauensvoll folgen.

Bindungsspiele

Beim gemeinsamen Spielen festigt sich eure Bindung auf ganz natürliche Weise. Ihr habt Spaß, dein Welpe lebt seinen Bewegungsdrang aus, stärkt Muskeln und Sehnen, verbessert seine Motorik, lernt neue Reize kennen und erlebt kleine Abenteuer.

Beobachte deinen Welpen. Wenn du merkst, er konzentriert sich nicht mehr, wird müde, ist abgelenkt, ist Schluss mit der Spielstunde. Kleine Welpen ermüden schnell. In ihrer Begeisterung bemerken sie es oft selbst nicht, deshalb musst du darauf achten, ihn nicht zu überfordern.

Als Bindungsspiele sind alle Spiele geeignet, die viel Körperkontakt oder körperliche Nähe verlangen. Bällchen oder Stöckchen werfen gehören nicht dazu, dein Welpe entfernt sich dabei zu weit von dir. Er spielt dann mit dem Ball, nicht mit dir.

Wusstest du, dass dein Welpe zwei Arten von Spielzeugen hat? Die eine Sorte liegt überall herum und er hat jederzeit freien Zugang dazu. Und dann gibt es noch die ganz spannenden Spielies, die du verwaltest. Diese besonderen Spielzeuge holst du nur für eure gemeinsamen Spiele heraus und räumst sie anschließend wieder weg. Dein Racker braucht dich, um damit spielen zu können.

Anfang und Ende des Spiels bestimmst in der Regel du. Fordert dich dein kleiner Freund zwischendurch zum Spielen auf und es passt gerade, dann habt viel Spaß zusammen.

Ohne Spielzeug

Ihr könnt ohne viel Aufwand spielen, Spielzeug ist nicht unbedingt notwendig. Lauft und tollt zusammen herum. Wer ist schneller? Kannst du deinen Welpen fangen oder ist er zu schnell?

Kullert zusammen über die Wiese oder über den Teppich, wälzt euch im Gras, einfach nur so, zum Spaß!

Im Schritttempo gibst du die Richtung an. Deine Fellnase ist neben oder kurz hinter dir. Nach ein paar Schritten wechselst du nach rechts, dann drehst du um und gehst in die entgegengesetzte Richtung. Kurz darauf geht es wieder nach rechts, nach einigen Metern drehst du nach links. Dein Kleiner muss aufpassen, dass er dich bei den vielen Richtungswechseln nicht verliert.

Lauf Schlangenlinien und ändere das Tempo zwischendurch.

Geh ein Stück rückwärts. Folgt dir deine Fellnase und schaut er dich dabei an?

Zwischendurch kannst du lustige Geräusche machen oder herumhampeln, dann macht es ihm noch mehr Spaß.

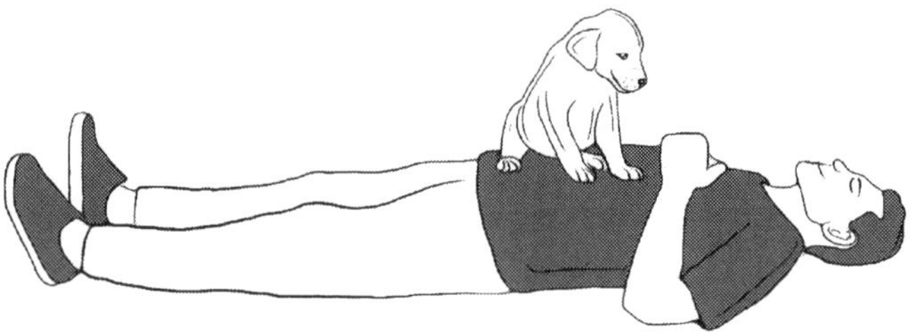

Nutze deinen Körper als Turngerät. Hier kannst du kreativ werden. Erlaubt ist alles, was euch beiden Spaß macht. Setz dich mit gegrätschten Beinen auf den Boden. Dein Welpe kann über deine Beine klettern. Du kannst ein Bein anwinkeln, passt dein Zwerg von der Größe her drunter durch, kann er das tun. Du kannst dich ebenso hinknien, ein Knie ist auf dem Boden, das andere Bein stellst du im rechten Winkel auf. Auch hier geht es drunter durch. Setz dich in einen Türrahmen. Dein Rücken lehnt an der einen Seite des Rahmens, deine Beine winkelst du an und stellst sie auf der anderen Seite in Kniehöhe oder höher an den Rahmen. Ein spannender Durchgang will erforscht werden! Hat dein Welpe zu Anfang Bedenken und ist sich unsicher, was du da gerade machst, helfen ein paar Leckerchen.

Fang das Spielie

Ein sehr beliebtes Spiel, bei Hund und Mensch. Ihr könnt es draußen oder drinnen spielen. Du sitzt oder hockst auf dem Boden. In einer Hand hast du ein Spielzeug. Halte es so, dass dein Welpe es sieht. Wenn er es schnappen will, versteckst du es schnell hinter deinem Rücken. Spieleneulinge werden verwundert schauen. Versucht dein Schützling, um dich herum an das Spielie zu gelangen, nimmst du es in die andere Hand. Die Hand mit dem Spielie bewegst du nach vorn, bevor dein Welpe sie erreicht hat. Jetzt hast du das Spielzeug vor deinem Bauch in der Hand. Dein Welpe steht hinter dir. Reagiert dein Kleiner nicht, gehst du mit der Spieliehand wieder weiter nach vorn, dass er das Objekt seiner Begierde sieht. Nimm es noch einmal langsam nach hinten, dass er folgen kann. Wechsle die Hand und nimm das Spielzeug nach vorn.

Du bewegst das Spielie von einer Hand in die andere, mal nach vorn, mal nach hinten. Dein Welpe wird versuchen, es dir abzujagen. Er wird versuchen rechts- oder linksherum dem Spielie den Weg abzuschneiden. Er muss aufpassen, wo es gerade ist, wohin es sich bewegt. Beobachte ihn dabei, seine leuchtenden Augen, die aufmerksam gespitzten Ohren. Schubst er dich im Eifer des Gefechtes an und du verlierst das Gleichgewicht, rollt einen Moment auf dem Boden und freut euch.

Hat er es gefangen, spielt ihr damit, dann darf er es wieder fangen.

Sorge dafür, dass dein Kleiner das Spielie ab und zu fängt. Anfänger tun sich manchmal schwer dabei. Hast du einen Spieleprofi, musst du aufpassen, dass du schnell genug bist.

Futtertasche verstecken

Welcher Welpe kann einer prall mit guten Sachen gefüllten Futtertasche widerstehen? Versteck sie zu Anfang so, dass deine Spürnase sie schnell findet. Der Vorteil einer Futtertasche ist der, dass Kerlchen sie zu dir bringen muss. Nur du kannst sie öffnen, ohne dich kommt er an die Goodies nicht heran.

Versteck die Tasche nicht allzu weit von dir entfernt und beteilige dich an der Suche, sei in der Nähe deines Welpen. Lässt du den Kleinen allein suchen, funktioniert das genauso, für eure Bindung bringt es dann keine Pluspunkte.

Mit der Futtertasche könnt ihr ebenso Fang das Spielie spielen. Manche Welpen stehen mehr auf Futter als auf Spielzeug. Jedes Mal, wenn er die Tasche gefangen hat, bekommt er etwas daraus.

Tauziehen

Tauziehen funktioniert mit jedem Zerrspielzeug. Ist dein Welpe noch recht jung oder gehört er einer kleinbleibenden Rasse an, bieten sich alte Handtücher, Geschirrtücher oder T-Shirts an. Damit sie stabiler werden, machst du einen Knoten oder zwei oder drei hinein. Solche selbstgemachten Zerrer sind weicher und schonender für empfindliche Welpenzähnchen als die, die du im Handel bekommst. Bastelst du gern, kannst du den Scoubidou Knoten? Dann kannst du für deinen Liebling tolle Zerrstricke oder Ringe selbst flechten. Alte Fleecedecken oder Bettwäsche in Streifen schneiden, flechten und schon bekommen sie ein neues Leben als Hundespielzeug.

Lass deinen Welpen das Zerrspiel ab und zu gewinnen. Das stärkt sein Selbstvertrauen. Wie geht es dir, wenn du beim Spieleabend das fünfte Mal in Folge verlierst? Möchtest du ein sechstes Spiel oder schlägst du vor: „Wollen wir nicht ein anderes Spiel spielen?" Stolz wird der Sieger mit dem eroberten Teil davonlaufen und darauf herumkauen oder es sich begeistert um die Ohren hauen. Gönn ihm den Spaß!

Für dieses Spiel ist es sinnvoll, wenn deine Fellnase bereits gelernt hat, das Spielie wieder herzugeben.

Das lernt er am besten, wenn du ihm ein Tauschobjekt anbietest. Nimm seine Lieblingsleckerchen, dafür wird er das Spielie fallen lassen. Heb es schnell auf, bevor er mit Fressen fertig ist. Dann kann das lustige Spiel weitergehen.

Laufspiele mit Spielzeug

Du hast ein Spielzeug in der Hand und dein Welpe versucht es zu fangen. Du läufst vor ihm davon, schlägst Haken, wechselst das Spielie von einer Hand in die andere.

Hat dein Kleiner es geschafft, könnt ihr noch damit herumzerren oder du lässt ihn weglaufen und versuchst, es ihm wieder abzujagen.

Schau mich an

Mit diesem Spiel lernt dein Kleiner, dass es sich für ihn lohnt, wenn er auf dich achtet. Trotz Futterablenkung wendet er dir seine Aufmerksamkeit zu.

Dein Welpe sitzt vor dir. Du gehst in die Hocke, in jeder Hand hast du ein Leckerli. Nimm zu Anfang nicht besonders gute Leckerchen, normales Trockenfutter reicht aus. Du hockst vor deinem Welpen, die Arme breitest du so weit nach rechts und links aus, wie möglich. Dein Zwerg weiß von dem Futter in deinen Händen. Wahrscheinlich wird er eine deiner Hände anschauen. Du machst nichts, du sagst nichts, gar nichts. Du wartest. Irgendwann wird dein Racker dich anschauen. Wahrscheinlich nur ganz kurz, um sofort wieder die Futterhände zu hypnotisieren. Diesen kurzen Moment musst du nutzen. Steck im schnell, bevor er wieder wegschaut ein Leckerchen, egal aus welcher Hand, ins Schnäuzchen.

Diese Übung wiederholst du mehrmals. Dann muss dich dein Kleiner länger als nur einen Wimpernschlag anschauen, bevor er sein Leckerchen bekommt.

Hat er die Übung verstanden, wird er dich begeistert anschauen und auf sein Leckerli warten. Um die Übung schwerer zu machen, kannst du bessere Leckerchen nehmen. Dann ist die Ablenkung größer.

Zwei vertrauensbildende Übungen

Diese Übungen solltest du erst machen, wenn dein Welpe sechs bis acht Wochen bei dir ist. Vorher ist das Band, das euch verbindet, meistens noch nicht stark genug. Es geht darum, Vertrauen aufzubauen und zu festigen. Achte darauf, dass dein Kleiner und du selbst während der Übungen entspannt bleibt. Bei den kleinsten Anzeichen von Unbehagen oder Ängstlichkeit brichst du die Übungseinheit ab. Machst du weiter, verstärkst du die Angst und erreichst das Gegenteil. Wie so oft im Leben ist hier der Weg das Ziel. Es ist egal, wann ihr ankommt. Es geht darum, dass ihr entspannt Zeit miteinander verbringt. Dein Welpe lernt mit dir zusammen neue Situationen kennen und meistern.

1. Berühungs-Übung

Ihr sitzt oder liegt entspannt nebeneinander. Du hast einen kurzen Stock oder eine Fliegenklatsche. Zeig es deinem Welpen und lass ihn daran schnüffeln. Bleib ganz entspannt und fang langsam an, deiner Fellnase leicht mit dem Stöckchen über das Fell zu streichen. Erzähl ihm dabei mit ruhiger Stimme eine tolle Geschichte. Beginne an den Seiten und am Rücken, dann hinunter zu den Beinen, lässt er es zu, auch am Kopf. Beobachte dabei genau, wie dein Kleiner reagiert.

Zeigt er Stress oder Meideverhalten, fühlt er sich unwohl, hör sofort wieder auf. Leg dein Stöckchen zur Seite und entspannt euch wieder. Versuche es später erneut. Es kann sein, dass es einige Tage dauert, bis sich deine Fellnase entspannt berühren lässt. Gib ihm Zeit, überstürze nichts.

Bleibt dein Welpe entspannt, vertraut er dir, eure Bindung funktioniert.

2. Becher-Übung

Bei der zweiten Übung sollte dein Welpe stehen. Ideal wäre hier ein Tisch oder eine Bank, dann brauchst du dich nicht so viel zu bücken. Such dir vorher vier etwa gleich große Plastikgefäße. Die Pfoten deiner Fellnase sollten hineinpassen, eine je Gefäß. Für ein kleines Kerlchen reichen Joghurtbecher, für einen schon älteren Labrador hast du eventuell vier Schüsseln.

Stell einen Becher neben ein Vorderbein deines Welpen. Heb das Beinchen vorsichtig an und stell es in den Becher. Wert sich dein Welpe dagegen, heb das Bein, soweit es geht und belohne ihn sofort. Erzwinge nichts, lass deinem Welpen Zeit, zu verstehen, was du möchtest. Diese Situation ist ungewohnt für ihn. Es macht gar nichts, wenn du tagelang nur das Hochheben eines Beinchens übst. Arbeite dich millimeterweise vorwärts, dein Welpe soll lernen dir zu vertrauen. Das kann er nur, wenn du ihn nicht überforderst oder verunsicherst.

Wenn es geschafft ist, das Pfötchen den Becherboden berührt, sind ein dickes Lob und ein Superleckerchen fällig. Wahrscheinlich wird dein Welpe sein Bein sofort wieder herausziehen. Lass ihn gewähren, das ist normal. In den nächsten Tagen arbeitet ihr daran, dass das Pfötchen länger im Becher bleibt. Das schaffst du, wenn du das Leckerchen einen winzigen Moment hinauszögerst. Den winzigen Moment ziehst du von einer Sekunde bis auf eine Minute und länger. Bleibt das Pfötchen sicher im Becher, machst du mit dem zweiten Beinchen weiter. Irgendwann werden alle vier Beine jeweils in einem Becher stehen. Wann das ist? Das ist vor allem eines – völlig egal. Nehmt euch so viel Zeit, wie ihr braucht und habt Spaß beim Üben!

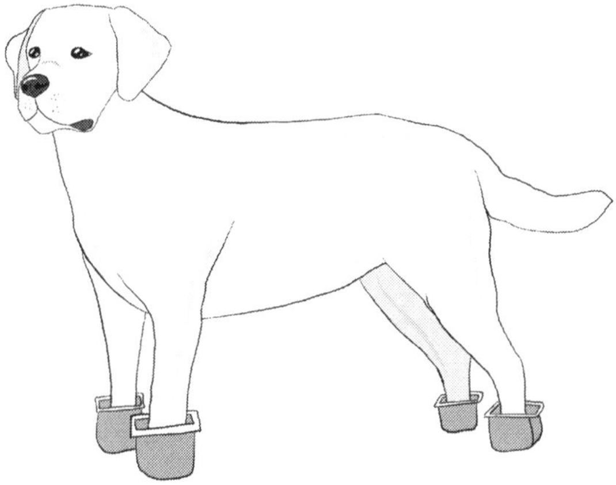

Dein Welpe soll kein Zirkushund werden. Mit solchen Übungen stellst du ihn vor ungewöhnliche Herausforderungen. Das schweißt euch als Team zusammen. Er lernt, dass er sich in allen Lebenslagen auf dich verlassen kann. Was auch immer du tust, es besteht keine Gefahr für ihn.

Wenn das Spiel zu heftig wird

In einer lustigen, spielerischen Rangelei kann es passieren, dass dein Welpe vor Begeisterung seine Zähnchen oder Krallen einsetzt. In dem Fall schreist oder quietschst du kurz auf und brichst das Spiel sofort ab. Dein Welpe muss lernen, seine Zähne unter Kontrolle zu bringen. Bei kleinen Milchzähnchen mag das noch lustig sein, doch dein Kerlchen wird inklusive seiner Zähne größer und kräftiger. Lernt er es als junger Welpe nicht, sich zu kontrollieren, wird er auch später seine Zähne einsetzen. Mit schmerzhaften Folgen für jeden, der mit ihm spielt. Nach einer kurzen Pause geht euer Spiel lustig weiter. Genügt ein Aufschrei nicht, um deinen Welpen und seine Zähne dauerhaft zu bremsen, kannst du den Schnauzengriff einsetzen.

Spielt dein Racker mit anderen Welpen, musst du ebenfalls darauf achten, dass das Spiel nicht zu heftig wird oder gar in eine Rauferei umschlägt. Das geht schnell, lass ihn deshalb nie ohne Aufsicht mit anderen Hunden spielen. Achte auf die Signale deines eigenen kleinen Rackers genauso, wie auf die Signale der anderen Hunde. Unterbrich gegebenenfalls das Spiel. Hier bringt es nichts, deinen Welpen zu rufen. Er wird in der Hitze des Gefechtes nicht auf dich hören. Geh dazwischen und pflück dir deine Fellnase aus dem Getümmel. Trag ihn aus dem Geschehen und warte bis er sich beruhigt hat. Dann darf er weiterspielen.

Spielen kleine Kinder bis ca. vier Jahren mit deinem Welpen, musst du auf beide Seiten aufpassen. Nicht nur dein Kleiner könnte zu heftig werden. Bei Kindern in dem Alter funktioniert die Feinmotorik noch nicht richtig. Sie fassen manchmal recht grob zu, ziehen am Fell oder am Schwanz. Bevor es deinem Welpen zu viel wird und er sich wehrt, nimm ihn weg und beende das Spiel.

Hilfe, mein Welpe spielt nicht

Jeder Welpe ist anders. Da gibt es die absoluten Spielejunkies, die keine Gelegenheit zum Toben auslassen und es gibt den ruhigeren Typ, der erst zum Spielen aufgefordert werden möchte. Hast du einen Welpen, der nicht wild auf Bewegung ist, solltest du ihn einmal am Tag zu einem Spiel animieren. Spielen ist ein wichtiger Teil der Entwicklung deines Welpen. Er trainiert Muskeln, Gelenke und Reflexe, nebenbei lernt er seine Bewegungen zu koordinieren. Herz und Kreislauf werden gestärkt, das Gehirn bekommt neuen Input. Beim Spielen entwickelt dein Kleiner seine sozialen Beziehungen und für eure Bindung ist es das Beste, das euch passieren kann. Es muss kein Laufspiel sein, „Fang das Spielie" macht Spielemuffel munter. Steht dein Racker mehr auf Futter als auf Spielzeug, benutze eine Futtertasche.

Ganz harte Fälle verweigern auch Futtertäschchen. Dann musst du noch tiefer in die Trickkiste greifen.

Mach dich und ein neues Spielzeug oder die Futtertasche wichtig. Bestaune es, spiel damit herum und leg es dann weg. Leg es irgendwo hin, wo dein Welpe es zwar sieht, aber nicht erreichen kann. Das wiederholst du öfter, mehrere Tage lang. Wirf das Spielie hoch, zeig es Familienmitgliedern, beschnüffele es, dann legst du es wieder weg. Am nächsten Tag fällt es dir aus der Tasche, du hebst es auf, bevor dein Welpe da ist, versteckst es mal da, mal hier. Alles in Beisein deines Welpen, er soll neugierig werden. Dieses Spielzeug ist fürchterlich wichtig für dich.

Fordere deinen Welpen wie ein anderer Hund zum Spielen auf. Krabble auf allen Vieren durchs Zimmer und senk den Oberkörper. Noch deutlicher wirst du, wenn du dabei umherhüpfst oder dich über den Boden rollst. Je alberner du dir dabei vorkommst, umso besser. Umso schneller wirst du für dein Muffelchen interessant. Wenn du magst, kannst du quieken, schmatzen oder kichern. Übertreib ruhig ein wenig und lass deiner Fantasie freien Lauf.

Aus diesem Getue springst du plötzlich zur Seite. Folgt dir dein Welpe, könnt ihr ein wenig herumbalgen oder du zauberst das tolle Spielie oder die Futtertasche hervor. Lass ihn das Teil fangen.

Spannend ist eine leere Plastikflasche, in die du kleine Steine gefüllt hast. Stups sie an und roll sie über den Boden. Das Geräusch und die sich bewegende Flasche sollten deine Fellnase aus dem Körbchen locken.

Eines darfst du nicht vergessen, dein Welpe hat dann Spaß am Spielen, wenn du ihn ebenfalls hast. Wie willst du ihm zeigen, wie toll ein Spiel ist, wenn du selbst keinen Spaß daran hast?

Die Spiele müssen nicht lange dauern. Welpen werden schnell müde oder verlieren die Lust. Vor allem, wenn spielen nicht ihre Leidenschaft ist.

Bindung, Sozialisierung, Erziehung

Erziehung ist sicher wichtig, am Anfang solltest du jedoch mehr Wert darauf legen, eine gute Bindung zu deinem kleinen Fellknäuel aufzubauen. Vieles greift ineinander und man kann Bindungsarbeit, Sozialisierung und Erziehung nicht voneinander trennen. Sie ergänzen sich. Eine feste Bindung ist die Grundlage, das Fundament für alles Weitere. Hat dein Welpe Vertrauen zu dir, ist er gern mit dir zusammen, weil es dann spannende Dinge zu entdecken gibt, ein lustiges Spiel wartet oder gekuschelt wird, dann lernt er besser und leichter, auf deinen Ruf zu kommen. Auf euren gemeinsamen Spaziergängen wird er dir nicht weglaufen, wenn du auf ihn achtest und mit deinen Gedanken bei ihm bist. Antworte auf seine Blicke, lass dein Handy in der Tasche, das hat jetzt Pause.

Er weiß, wenn er dich braucht, bist du für ihn da, du verstehst ihn. Er muss dringend Gassi. Warum sollte er die Wohnung beschmutzen? Er kann zu dir gehen und dir mitteilen, dass er raus muss. Würdest du jemanden um Hilfe bitten, den du nicht kennst oder zu dem du kein Vertrauen hast? Stubenrein zu werden, ist mit Vertrauen gar nicht schwierig. Erste Erziehungsarbeit fließt in den Bindungsaufbau mit ein. Dein Welpe wird sich in allen Belangen des täglichen Lebens oder eventueller späterer Trainingssituationen nach dir richten. Eine gute Bindung sichert ein entspanntes und harmonisches Zusammenleben bis ins hohe Alter.

5.

Sozialisierung

Viel Sozialisierungsarbeit liegt in der Hand des Züchters. Deshalb solltest du darauf achten, wo du deinen Welpen kaufst. Hat er ständigen Kontakt zur Familie oder ist die Hündin mit ihrem Nachwuchs im Bad eingesperrt? Ist die Umgebung sauber? Begrüßen dich die Hundemutter und eventuell andere im Haushalt lebende Hunde freundlich? Sind die Welpen offen und neugierig? Machen sie einen gesunden Eindruck? Dann sind alle Voraussetzungen erfüllt, dass dein Kleiner einen guten Start ins Hundeleben hat.

Was ist Sozialisierung?

Bei deinem Welpen müssen sich nach der Geburt die Nervenzellen im Gehirn erst allmählich vernetzen. Synapsen, die Verbindungsstellen der Nerven, entstehen und Botenstoffe (Transmitter) werden gebildet.

Je mehr Umweltreizen deine kleine Fellnase ausgesetzt ist, umso komplexer wird das Netzwerk in seinem Gehirn. Er kann sich besser an neue Situationen anpassen, er lernt schneller und leichter und ist allgemein belastbarer als Welpen mit weniger gut ausgeprägtem neuronalen Netzwerk.

Sozialisierung heißt, dass dein Welpe möglichst viele neue Dinge kennenlernt. Er sollte viel Kontakt zu fremden Menschen und anderen Tieren haben. Wähle eine möglichst breite Palette, Kinder, Menschen mit Regenschirm, Gehstock, Kinderwagen, größere Menschengruppen oder Senioren.

Gib ihm die Möglichkeit, andere Hunde kennenzulernen. Lernt er jetzt Katzen kennen, kann eine wunderbare Freundschaft entstehen. Leben bei dir Wellensittiche, Meerschweinchen oder andere Tiere oder kennst du jemand, wo er Kontakt zu diesen Tieren haben kann? Auf dem Land sollte dein Racker Hühner, Enten, Kühe, Pferde und den Rest des Bauernhofes erkunden können. Stell dabei von Anfang an die Regel auf, dass Nachbars Hühner weder gejagt werden noch zum Spielen geeignet sind. Dein Nachbar wird es dir danken. In der Stadt sind es Fahrräder, Jogger, Parkbänke oder Eisstände, an die sich dein Kleiner gewöhnen muss. Wobei auch hier weder die Radfahrer noch die Jogger als Jagdbeute gesehen werden. Je mehr er kennenlernt, umso entspannter wird er im Alltag reagieren.

In dieser Zeit sollte dein Welpe Erfahrungen machen, wie er mit Frustration, Angst oder Aggression umgeht. Er übt sich in Kommunikation mit anderen Hunden und Menschen.

Übertreib es nicht. Du musst ihn nicht innerhalb weniger Tage mit all diesen spannenden Sachen konfrontieren. Gute Sozialisierung hin oder her, zeigt dein Kleiner Zeichen von Überforderung, nimm ihn aus der aufregenden Umgebung und mach eine Pause, bzw. am nächsten oder übernächsten Tag weiter. Das bringt euch beide vorwärts, auch in Sachen Vertrauen und Bindung.

Wie funktioniert Sozialisierung?

1. Phase

Die erste Phase, die sogenannte Prägephase, geht bis ca. zur zwölften Lebenswoche. Hier lernt dein Welpe Menschen kennen. Angefangen von der Familie des Züchters über Besucher bis zu dir und deiner Familie. Auf euren Spaziergängen sieht er weitere Menschen und wahrscheinlich kommen dich Verwandte und Freunde besuchen, die das neue Familienmitglied bestaunen wollen.

Während dieser Zeit lernt dein Welpe die Dinge, Geräusche und Gerüche des täglichen Lebens kennen. Die Waschmaschine rumpelt im Bad, in der Küche macht der Mixer Krach, eventuell fällt Geschirr scheppernd auf den Boden. Und dann der Staubsauger! Der macht nicht nur Krach, der bewegt sich dazu noch! Es kann sein, dass dein Welpe anfangs verunsichert von diesem Ungeheuer ist. Meistens legt sich das schnell und er geht zum Angriff über. Entweder bittest du eine zweite Person, deinen kleinen Wildfang auf den Arm zu nehmen, während du saugst, oder du setzt ihn kurz in einen anderen Raum. Anders wirst du nicht saugen können.

Ist deine Waschmaschine ein Frontlader? Wie spannend. Setz dich mit deinem Zwerg vor die laufende Maschine und schaut gemeinsam Waschmaschinenkino.

In dieser Phase sollte dein Kleiner nicht mit zu vielen äußeren Reizen „erschlagen" werden. Geh es langsam an, er ist noch ein Baby.

2. Phase

Die zweite Sozialisierungsphase reicht bis in den fünften oder sechsten Lebensmonat hinein. Bei spätreifen Rassen (Dogge) kann sie länger dauern.

Jetzt kannst du beginnen, mit deinem Racker die Welt zu erkunden. Nutze die Bindungsarbeit aus dem vorigen Kapitel. Bindung und Sozialisierung ergänzen einander. Kommt noch ein wenig Erziehungsarbeit dazu, hast du bald das ausgeglichene Familienmitglied und den treuen Freund, den du dir gewünscht hast.

6.

Erziehung

Trotz guter Sozialisierung und einer festen Bindung muss dein Welpe noch einiges lernen. Dazu gehört unter anderem, dass er an der Leine geht, ohne ständig zu zerren, dass er am Tisch nicht bettelt, wie er sich in einem Restaurant benimmt oder wenn Besuch kommt.

Was ist Erziehung?

Durch die Erziehung nimmst du bewusst Einfluss auf das Verhalten und die Entwicklung deines Welpen. Du möchtest, dass dein Kleiner in seiner Welt gut klarkommt, dass er sich wohlfühlt. Du hilfst ihm dabei, bestimmte Charaktereigenschaften und Verhaltensweisen zu entwickeln. Unter deiner Fürsorge wird aus dem kleinen Fellknäuel ein selbstsicherer, entspannter Hund, den du gern um dich hast und der ein Teil von dir wird. Ein Leben ohne deine Fellnase kannst du dir nicht mehr vorstellen.

Eine ganz wichtige Rolle bei der Erziehung spielt die Kommunikation. Du musst deinem Welpen erklären können, ob du sein Verhalten, das er gerade zeigt, möchtest oder nicht. Dabei solltest du stets Verständnis für seine Bedürfnisse zeigen. Dein kleiner Wirbelwind braucht viel Bewegung. Ob nun gerade Sonntag ist und du lieber auf dem Sofa liegen möchtest oder nicht. Er muss seinen Bewegungsdrang ausleben können, auch wenn die Party gestern Abend heftig war und du erst heute Morgen um sechs Uhr nach Hause gekommen bist. Dann gehst du zuerst mit deinem Welpen eine Runde, anschließend kannst du ins Bett gehen. Dein Kleiner wird entspannt in seinem Körbchen liegen. Maulst du deinen Welpen beim Nachhausekommen an: „Lass mich in Ruhe" und ziehst dich gleich Richtung Nachtlager zurück, musst du dich beim Aufwachen nicht über Pfützchen, Häufchen, angefressene Schuhe oder Kissen wundern. Völlig daneben geht es, wenn du dann deinen Welpen ausschimpfst oder gar bestrafst. Das versteht dein Kleiner dann nicht, er konnte doch nicht anders. Wie soll er dir jetzt noch vertrauen? Alternativ kannst du ein Familienmitglied bitten, den morgendlichen Rundgang an diesem Tag zu erledigen oder du suchst dir einen Hundesitter.

Erziehen heißt auch, konsequent zu sein. Was dein kleiner süßer Welpe jetzt darf, muss er später als erwachsener Hund ebenfalls dürfen.

Wenn er heute auf dem Sofa neben dir liegen darf, darf er das nächste Woche, in einem Monat und in fünf Jahren auch noch. Was du ihm einmal erlaubt hast, merkt sich deine Fellnase genau.

Warum sollte ich meinen Welpen erziehen?

Sicherlich hast du eine genaue Vorstellung davon, was dein Racker tun und lassen soll, wenn er ein erwachsener Hund ist. Möchtest du einen Schoßhund, bist du gern draußen unterwegs und dein Fellfreund soll dich begleiten, wenn du mit dem Fahrrad oder zu Fuß unterwegs bist? Hat er viel Kontakt zu Kindern oder nicht? Möchtest du ihn mitnehmen, wenn du auf den Wochenmarkt, ins Kaufhaus oder in ein Restaurant gehst? Von deinen Zielen weiß dein Welpe nichts, er würde sich ohne deinen Einfluss benehmen, wie es ihm gerade in den Sinn kommt, Leute anspringen, sie anbetteln oder belästigen. Er würde versuchen, ständig seinen Willen durchzusetzen, hätte einzig seinen Vorteil im Sinn, er wäre ein rücksichtsloser Rüpel und Tyrann. Das kann so weit gehen, dass er aggressiv wird, falls er nicht bekommt, was er möchte. Das ist weder für dich, deine Familie oder andere Menschen angenehm und erstrebenswert. Eventuell besuchen dich deine Freunde nicht mehr, weil dein Hund ständig nervt. Ist es nicht schöner, du hast einen Vierbeiner, der sich zu benehmen weiß, der sich in die Familie integriert, unkompliziert und stressfrei?

Es ist wichtig, dass du ihm von Anfang an erklärst, was er darf und was nicht. Regeln sind im Zusammenleben im Rudel oder der Familie wichtig. Dein Kleiner sucht als Rudeltier instinktiv nach Regeln, nach denen er sich richten kann. Regeln geben ihm Sicherheit. Ja, er ist zum Anbeißen süß, trotzdem wird bei Tisch nicht gebettelt.

Aus einem wohlerzogenen Welpen wird ein wohlerzogener Hund, der sich harmonisch ins Familienleben einfügt.

Du solltest im Vorfeld mit der Familie abklären, welche Regeln gelten und wo Grenzen sind. Dein Welpe kommt in Bedrängnis, wenn er bei Herrchen mit aufs Sofa darf, wenn Frauchen dabei ist, jedoch nicht. Das verunsichert deinen Kleinen und verursacht unnötigen Stress.

Gib deinem Welpen die Möglichkeit, sich normal zu entwickeln. Du hast den größten Einfluss darauf, was aus deinem süßen Fellknäuel wird. Wird er der gute Freund auf vier Pfoten, den du dir wünschst oder ein nerviger Quälgeist? Du hast es in der Hand.

Wie erziehe ich meinen Welpen?

Erziehung muss nicht kompliziert oder zeitaufwändig sein. Integriere die Erziehung deiner Fellnase in deinen Alltag. Beim Spielen oder während eines Spaziergangs kannst du kleine Erziehungsspiele einbauen. Dann erziehst du deinen Welpen, ohne dass er es merkt. Obendrein machen diese Spielchen Spaß, ihr seid zusammen und entdeckt die Welt.

Dein Welpe ist etwas ganz Besonderes. Es gibt ihn mit all seinen Eigenschaften, seinem Charakter und seinem Wesen nur ein einziges Mal. Selbst bei Hunden einer Rasse findest du große individuelle Unterschiede. Genauso individuell solltest du deine kleine Fellnase erziehen.

Die Erziehung deines Welpen beginnt, wie die Bindungsarbeit, gleich, nachdem er bei dir eingezogen ist. Gibt es Bereiche im Haus oder in der Wohnung, wo er nicht hin darf, darf er das vom ersten Tag an nicht. Alle Regeln, die den Kleinen betreffen, gelten ab Einzug. Woran soll er sich sonst orientieren? Der Umzug und die Trennung von der Mutter und den Geschwistern sind stressig genug für ihn.

Noch aus einem anderen Grund solltest du so früh wie möglich mit der Erziehung beginnen. In den ersten Lebenswochen (ca. bis zur sechzehnten Lebenswoche) eines Welpen ist sein Gehirn besonders aktiv. Er lernt in dieser Zeit extrem schnell und fürs Leben. Was er in dieser Zeit lernt, vergisst er nie wieder. Das gilt für positive, leider ebenso für negative Erfahrungen. Trotz allem Eifer solltest du im Hinterkopf behalten, dass dein Welpe in dieser wichtigen Zeit noch ein Baby ist und ihn nicht überfordern. Du erwartest sicher nicht von einem zweijährigen Kind, dass es dir Shakespeares Gesammelte Werke vorliest. Du schaust mit ihm einfach gestaltete Bilderbücher mit fünf oder sechs Seiten an. Für längere Beschäftigung fehlt einem Kleinkind noch die Ausdauer und Konzentration, genau wie deinem Welpen.

Wer erzieht deinen Welpen?

Du als Bezugsperson bist derjenige, der deinen Welpen erzieht. Versuchen zu viele Personen ihn zu erziehen, kommt es unweigerlich zu Missverständnissen. Diese wiederum verwirren den kleinen Kerl, ihm fehlt Stabilität und damit Sicherheit. Selbst wenn du im Vorfeld mit der Familie die Erziehungsrichtlinien und -methoden abgestimmt hast.

Klare, eindeutige Kommandos

Damit dich dein Racker versteht, brauchst du eindeutige Signale, Kommandos und eine klare Körpersprache. Für eine Übung verwendest du ausschließlich ein Signal (Sichtzeichen) und ein Kommandowort (Hörzeichen). Wirklich nur eines, das Wort „Sitz" genügt, damit dein Kleiner versteht, was er tun soll. Es bringt nichts, wenn du ihm erzählst: „Bello, nun setz dich mal hin." Aus diesem Satz muss dein Welpe erst herausfiltern, was gemeint sein könnte. Ein erfahrener, älterer Hund schafft es eventuell, dein Welpe ist überfordert. Am nächsten Tag heißt es dann: „Mach schön sitz." Selbst „Bello Sitz" oder „Bello mach Sitz" ist zu viel. Du machst es deinem Welpen unnötig schwer, deinen Anweisungen zu folgen. Er hat Misserfolge, verliert die Lust und arbeitet nicht mehr mit. Mach es ihm leicht. Die Übung „Sitz" heißt immer „Sitz", heute, morgen, in drei Jahren.

Hör- und Sichtzeichen

Da Hunde mehr auf Körpersprache reagieren, solltest du zusätzlich zum Hörzeichen „Sitz“ ein Sichtzeichen einführen. Das macht es deinem Racker noch leichter. Allgemein üblich ist beim „Sitz“ ein nach oben gerichteter Zeigefinger. Sichtzeichen haben den Vorteil, dass du sie deinem Hund noch übermitteln kannst, wenn er dich nicht hören kann.

Überlege dir für jede Übung im Vorfeld ein Hörzeichen (ein Wort) und ein Sichtzeichen (eine Geste). Das steht dann für alle Zeiten fest. Diese Zeichen verwendet deine gesamte Familie. Welches Wort, welche Geste du dir aussuchst, ist egal. Du musst nicht zwingend „Sitz“ verwenden, das Wort kann ebensogut „Hühnersuppe“ heißen. Es heißt dann auf ewig „Hühnersuppe“.

Achte darauf, dass sich die Signale für die einzelnen Übungen deutlich voneinander unterscheiden. Das verhindert Missverständnisse.

Erziehung macht Spaß!

Verwende ruhig eine höhere Stimmlage und lege Begeisterung in dein Wort. Was findest du besser? Dein Chef gibt dir eine Arbeitsanweisung in einer begeisterten Stimmlage, sein Gesicht und sein Körper strahlen Freude und Spaß aus. Am nächsten Tag bekommst du die gleiche Anweisung, dieses Mal scheint dein Chef gelangweilt zu sein. Am dritten Tag klingt seine Stimme überhaupt nicht fröhlich, im Gegenteil sie ist tiefer und hat fast schon einen Kasernenton. An welchem Tag macht dir die Arbeit am meisten Spaß?

Nimm die Erziehungsarbeit nicht zu ernst, mit Spaß lernt es sich leichter. Mach aus den Erziehungsübungen Spiele, die ihr gemeinsam spielt. Genieße die Zeit mit deinem Welpen und freut euch über die Fortschritte, die er macht.

Übe ausschließlich mit deinem Welpen, wenn du ausgeglichen bist, Zeit für ihn hast und es dir Spaß macht. Bist du verärgert, in Eile oder geht es dir nicht gut, lass die Übungseinheit ausfallen. Es bringt nichts, dein Welpe wird nur frustriert. Spiel lieber mit ihm oder geht ganz entspannt spazieren. Das tut euch beiden in dem Fall gut.

Aufmerksamkeit

Wenn du mit deinem Racker üben möchtest, stell sicher, dass du seine ungeteilte Aufmerksamkeit hast. Er wird nicht mitmachen, solange ein fremder Hund vor dem Gartenzaun entlangläuft oder deine Kinder mit seinem Lieblingsball spielen. Wähle Orte, an denen er keiner Ablenkung ausgesetzt ist. Andere Menschen, Tiere oder Geräusche sollten draußen bleiben. Nur dann kann sich dein Welpe auf dich konzentrieren. Vor allem bei neuen Übungen ist das wichtig. Beherrscht dein Racker das „Sitz" ohne Ablenkung, kannst du langsam äußere Reize dazu nehmen. Ein zweiter Mensch kommt ins Zimmer, ihr geht zum Üben in den Garten, später auf eine Wiese usw. Steigere die Ablenkung langsam. Klappt es mit dem „Sitz" dann nicht mehr, nimm Reize weg. Dann ist dein Zwerg noch nicht so weit. Geh mit der Ablenkung so weit zurück, bis es wieder gut funktioniert. Festige die Übung mit weniger ablenkenden Reizen.

So lenkst du die Aufmerksamkeit auf dich

Dein Welpe ist intensiv mit einem Käfer beschäftigt, der gerade versucht, einen Grashalm zu erklimmen. Du möchtest, dass er sich dir zuwendet. Albere herum, quietsche, gib andere komische Geräusche von dir, hüpfe auf einem Bein, schlag ein Rad oder mach den Hampelmann. Alles ist erlaubt und je alberner, umso besser. Du musst dich interessanter machen als das Objekt, mit dem sich dein Kleiner gerade beschäftigt. Die merkwürdigen Blicke vorbeikommender Menschen ignorierst du. Da stehst du drüber, dein Welpe ist wichtiger. Vielleicht winkst du ihnen mit einem freundlichen Lächeln zu?

Manchmal genügt es schon, wenn du mit einer Tüte knisterst oder mit einem Quietschespielzeug quietschst. Eventuell hat dein Racker ein Spielzeug zerlegt, bei dem die Quietsche noch intakt ist. Das sind kleine handliche Teile, die du dir gut in die Tasche stecken kannst.

Geduld

Lass dir und deinem Racker Zeit. Hab Geduld, gib ihm die Zeit, die er zum Lernen braucht. Wenn du merkst, er hat es noch nicht verstanden, geh einen Schritt oder zwei oder drei zurück. Das ist nicht schlimm. Es bereitet euch beiden nur Stress, wenn du zehnmal „Sitz“ sagen musst, bevor dein Welpe sein Hinterteil auf dem Boden platziert. Ist es nicht besser, er tut es gleich beim ersten Mal? Es ist doch egal, ob ihr dafür eine Woche mehr oder weniger gebraucht habt.

Bau die Übungen so auf, dass dein Welpe Erfolg hat. Schließe mögliche Fehler von Anfang an aus. Misserfolg und Frustration bleiben euch erspart.

Wenn du merkst, dass es mit deiner Geduld nach dem fünften Fehlversuch bergab geht, beende die Übungseinheit. Das man immer mit einem positiven Ergebnis aufhören muss, ist ein weit verbreiteter Irrglaube. Wenn du ungeduldig wirst, baust du Druck auf. Das kann unbewusst passieren, aber es passiert. Ob du willst oder nicht. Eventuell merkst du selbst es nicht, dein Welpe schon. Druck erzeugt immer Gegendruck. Dein Welpe wird sich unwohl fühlen und versuchen, die Situation zu meiden.

Es ist besser, du gibst deinem Welpen Zeit zum Nachdenken. Macht eine Pause, entspannt euch. Die Wahrscheinlichkeit ist sehr hoch, dass dein Kleiner morgen die Übung, die heute absolut nicht ging, auf Anhieb richtig macht.

Kurze Übungseinheiten

Halte die Übungseinheiten kurz. Im Alter von acht bis zehn Wochen genügen ein bis zwei Minuten. Wird dein Kleiner älter, kannst du die Einheiten länger werden lassen. Beobachte deinen Welpen, siehst du Anzeichen von Überforderung, Übersprunghandlungen, konzentriert er sich nicht mehr, beende die Übungen und spielt oder kuschelt noch ein bisschen.

Viele Übungen kannst du problemlos in den Tagesablauf integrieren. Lass deinen Kleinen zwischendurch, wenn du das Geschirr wegräumst, „Sitz“ machen. Dazu solltest du immer ein paar Goodies in der Tasche haben.

Es ist besser, du verteilst die Übungseinheiten über den Tag. Übe lieber dreimal am Tag für fünf Minuten als einmal fünfzehn Minuten.

Dein Welpe ist überfordert, wenn:

- du merkst, dass andere Dinge plötzlich interessanter sind als du,
- er sich nicht mehr konzentriert, nicht mehr bei der Sache ist,
- er anfängt, sich über die Schnauze zu lecken, zu hecheln oder andere Übersprunghandlungen zeigt,
- er lustlos reagiert,
- er nervös und unruhig wird,
- er kein Leckerchen nimmt,
- er nicht mit dir spielen möchte.

Konsequenz

Dass du konsequent sein musst, hast du schon gelernt. Anders nimmt dein Welpe dich nicht ernst, ihm fehlt die Sicherheit an deiner Seite. Wenn morgen sowieso alles wieder anders ist, warum soll ich mir dann heute Mühe geben?

Einfühlungsvermögen

Bei aller Konsequenz darf das Einfühlungsvermögen nicht zu kurz kommen. Auch Welpen haben Tage, an denen sie nicht gut gelaunt sind, wo einfach nichts klappen will. Übungen, die er schon sicher beherrscht hat, funktionieren plötzlich nicht mehr. Wenn das passiert, solltest du nichts erzwingen. Ein paar Tage später, fällt deinem Racker wieder ein, wie das mit dem „Sitz" war.

Beobachte deinen Kleinen, ob er gesundheitliche Probleme hat, manchen Welpen macht der Zahnwechsel zu schaffen.

Wenn eine Übung nicht klappt, geh in dich und überlege, ob du etwas falsch machst. Ist das Kommando nicht eindeutig genug? Versteht dein Welpe nicht, was du von ihm möchtest? Kann er es nicht ausführen, weil er damit noch überfordert ist? Ist es zu schwer für ihn? Widersprechen sich Stimmkommando und Körpersprache bei dir? Was genau belohnst du? Kommt die Belohnung beim „Sitz" in dem Moment, wo das Hinterteil den Boden berührt oder erst, wenn dein Kleiner schon wieder aufgestanden ist und fröhlich um dich herumhüpft? Für deinen Welpen ist das ein riesiger Unterschied! Belohnst du zu spät, belohnst du das Aufstehen, nicht das Hinsetzen.

Auflösungssignal

Nach deinem „Sitz" setzt sich dein Welpe brav hin. Und nun? Meistens steht er wieder auf, wenn er dazu Lust hat. Eine weitere Information hat er nicht. Das hilft dir nicht weiter. Du lässt im späteren Alltag deinen Hund „Sitz" oder „Platz" machen, weil du ihn einen Moment „parken" möchtest. Er soll vor einem Geschäft ruhig warten, bis du mit dem Einkaufen fertig bist. Oder deiner vierjährigen Tochter ist unterwegs der Schuh aufgegangen und du möchtest ihn wieder zubinden. Mit umher hüpfendem Welpen wird das schwierig. Er ist neugierig, was du da treibst und seine Nase ist ständig im Weg. Wäre schön, wenn er jetzt „Sitz" machen und sitzen bleiben würde.

Es ist sinnvoll, deinem Welpen die Information, wann er wieder aufstehen darf, über ein spezielles Kommando zu geben. Das nennt man Auflösungssignal oder Auflösungskommando. Du solltest es bei allen Kommandos verwenden, die über einen längeren Zeitraum gelten, wie „Sitz", „Platz" oder „Bleib" inklusive im Körbchen bleiben. Such dir dafür ein kurzes, knackiges Wort aus, wie „OK" oder „Lauf".

Zu Anfang kommt das Auflösungssignal beim „Sitz" sofort, wirklich sofort, nachdem das Hinterteil deines Rackers den Boden berührt hat. Länger bleibt es sowieso nicht unten. Das ist normal, dein Welpe muss erst verstehen, um was es geht. Es ist wichtig, dass das Signal zum Aufstehen von dir kommt, bevor dein Welpe von sich aus aufsteht. Wenn du später mit ihm übst, länger sitzen zu bleiben, muss das „OK" ebenfalls jedes Mal von dir kommen. Und zwar bevor er selbstständig entscheidet, dass er aufsteht. Er muss lernen, dass die Entscheidung darüber, wann er aufstehen darf, von dir kommt.

Die Sache mit der Dominanz

Früher war das Wort Dominanz auf allen Hundeplätzen ständig präsent. Man war der Meinung, dass der Hundeführer sich stets dominant gegenüber seinem Hund verhalten muss. Der Hund hatte die Kommandos, im Befehlston herausgebrüllt, gehorsam zu befolgen. Vom Hund wurde uneingeschränkte Unterordnung verlangt.

Zum Glück sind diese Zeiten vorbei. Verhaltensforscher haben festgestellt, dass das mit der absoluten Dominanz nicht stimmt. Sicher gibt es im Rudel eine Rangordnung und das ist gut so. Nur ist das ranghöchste Tier, im Wolfsrudel sind es der Alpha-Rüde mit seiner Partnerin, kein absoluter Herrscher. Er unterwirft seine Untergebenen, die anderen Rudelmitglieder, nicht ständig. Das wäre viel zu anstrengend. Der Alpha-Rüde entscheidet situationsbedingt, zum Beispiel wann die Jagd beginnt. Die anderen Wölfe respektieren seine Entscheidungen, er ist intelligent, kräftig, gesund und hat Erfahrung. Er weiß, wie das Rudel an ausreichend Beute kommt, wo ein sicherer Platz für ein Lager ist und er hält andere Wölfe aus dem Territorium fern. Er bietet dem Rudel Sicherheit und Geborgenheit. Kommt dir das bekannt vor? Ist genügend Futter vorhanden, kann das rangniederste Tier kommen und ihm Fleisch vor der Nase wegnehmen, um es zu fressen. Er wird ruhig liegenbleiben und zuschauen. Anders sieht es aus, wenn das Nahrungsangebot knapp ist. Dann gibt das Alpha-Tier dem rangniederen Wolf kein Fleisch ab, solange er selbst nicht satt ist. Ist er satt und zufrieden, teilt er die Ressourcen mit allen Rudelmitgliedern.

Du musst nicht ständig deinen Posten als Ranghöherer gegenüber deinem Welpen hervorkehren oder beweisen. Dein Welpe entscheidet nach deinem Verhalten, ob er dich als Rudelführer akzeptiert. Du verwaltest ein Teil eurer Spielsachen und entscheidest über Richtung und Geschwindigkeit bei euren Spaziergängen. Die Spielzeuge teilst du mit ihm, lass deinen Welpen zwischendurch auch mal entscheiden, was ihr spielen wollt. Trittst du ruhig auf und triffst die Entscheidungen für euch beide souverän, wird er dir gern überall hin folgen. Bist du nervös, unsicher, hektisch, kann es sein, dass dein Kleiner der Meinung ist, dass er den Posten des Rudelführers übernehmen muss. Natürlich ist er damit völlig überfordert. Er wird zum ständigen Beller, tyrannisiert die Familie und kann sogar aggressiv werden.

Vermeintliche Dominanzgebaren, wie deinen Welpen anbrüllen, ihn schütteln oder auf den Rücken werfen, sind sinnlos. Sie helfen nicht und dein Welpe lernt: Gewalt ist der Weg!

Der rangniedere Hund oder Wolf dreht sich von sich aus als Zeichen der Unterlegenheit auf den Rücken. Das tut er selbst, das macht nie, niemals der Ranghöhere! Damit zeigt der Unterlegene an, dass er sich unterwirft. In dem Moment lässt der Ranghöhere von ihm ab. Er hat seinen Posten erfolgreich verteidigt, seine Meinung durchgesetzt.

Positive und negative Bestätigung

Dein Welpe muss wissen, ob das was er tut, richtig oder falsch ist. Richtig ist das Verhalten, das dir gefällt.

Positive Bestätigung ist ganz einfach. Jedes Mal, wenn dein Racker etwas tut, das dir gefällt, bekommt er eine Belohnung. Wie die Belohnung aussieht, ist von deinem Welpen und der Situation abhängig. Mag dein Kleiner gern fressen, gib ihm was Leckeres, spielt er gern, spiel mit ihm, kuschelt er lieber, gibt es Kuscheleinheiten.

Achte immer genau darauf, was du bestätigst. Du kommst mit deinem Wildfang zur Hundewiese. Dein Kleiner entdeckt seinen Kumpel und möchte sofort zu ihm. Ungeduldig zerrt er an der Leine und hüpft umher. Überleg einmal, was bestätigst du, wenn du ihn jetzt ableinst? Richtig, dass Zerren an der Leine! Warte einen Moment, bis dein Welpe sich beruhigt hat. Dann kannst du ihn ableinen und er darf zu seinem Kumpel. Das ist in diesem Moment für ihn die allerschönste Belohnung! Jetzt interessiert ihn kein Leckerchen oder Spielzeug, streicheln würde er im Moment als lästig empfinden. Einen noch jungen Welpen lässt du lossausen. Ein älterer, erfahrener, wohlerzogener Hund stürzt nicht gleich los. Er wartet nach dem Ableinen geduldig einen Moment, bis Frauchen / Herrchen ihm ein Zeichen gibt, dass er loslaufen darf. Wie du das schaffst, erfährst du weiter unten im Abschnitt Leinenführigkeit.

Beruhigt sich dein Welpe nicht, gehst du ein Stück zurück, sodass er seinen Kumpel nicht mehr sieht. Stellt sich dein Racker stur und du musst ihn wegschleifen, geh kommentarlos zu ihm und nimm ihn auf den Arm. Trag ihn ein Stück. Das Weggehen wäre in dem Fall eine negative Bestätigung. Du nimmst ihm etwas weg, das er haben möchte. Er will zu seinem Spielkameraden. Du gehst mit ihm weg vom Kumpel. Beruhigt er sich jetzt, gehst du wieder in Richtung Hundewiese. Das ist nun wieder eine positive Bestätigung. Er bekommt, was er möchte, wenn er tut, was du möchtest. Das ist ruhig bleiben und nicht an der Leine zerren. Am Anfang kann es passieren, dass du mehrmals zurückgehen musst. Hier ist viel Geduld auf deiner Seite gefragt. Du solltest sie investieren, es lohnt sich. Dein Welpe lernt, wenn ich mich ruhig und gesittet benehme, bekomme ich, was ich möchte. Rüpeleien führen zu nichts.

Über positive und negative Bestätigung kannst du das Verhalten deines Welpen steuern.

Es ist alles eine Frage der Motivation

Jetzt mal ehrlich, warum fährst du jeden Tag zur Arbeit? Weil du deinen Chef toll findest oder weil du dafür Geld bekommst? Es ist hilfreich, wenn dir deine Arbeit Spaß macht, aber würdest du für ein paar nette Worte, vielleicht nicht einmal die, jeden Morgen zeitig aufstehen, dich in eine überfüllte Bahn quetschen oder im Stau stehen?

Warum also sollte sich dein Welpe hinsetzen, wenn du ihm das sagst? Was hat er davon?

Wenn er weiß, dass eine Belohnung auf ihn wartet, wie bei dir dein Lohn oder Gehalt am Monatsende, hat er einen Grund sich zu setzen. Je toller die Belohnung, die Bestärkung, für ihn ausfällt, umso höher wird seine Bereitschaft sein, mit dir zu arbeiten. Habt ihr eine starke Bindung zueinander, wird dein Kleiner mit dir arbeiten wollen, weil es ihm Spaß macht. Spaß an der Sache ist eine große, starke Motivation. Trotzdem solltest du die Tatsache nicht unterschätzen, dass sich dein Racker einen Vorteil davon verspricht, wenn er mit dir trainiert. Diesen Vorteil musst du ihm bieten, das ist die Kunst der Motivation. Dann wird dein Welpe gern mit dir üben und es kaum erwarten können, dass es endlich losgeht. Es gibt Hunderassen, die von Natur aus hochmotiviert sind, wie Malinois, Border Collie und alle Terrier. Ohne Belohnung, ohne Motivation, geht aber auch hier auf Dauer nichts.

Dein Welpe lässt sich nicht für das Training begeistern? Überlege, woran es liegen könnte. Hat er ständig Futter im Napf? Warum sollte er dann für ein Leckerchen arbeiten? Er hat doch genug Futter zur Verfügung. Eventuell verlangst du zu viel von ihm und der kleine Kerl ist gestresst oder überfordert. Oder die Zeit passt nicht, versuche es zu einer anderen Tageszeit. Mach mit ihm wirklich ganz kurze Trainingseinheiten, danach viel Pause mit Spielen, wenn er mag. Du solltest deinen Racker nicht zum Training zwingen. Macht dir eine Arbeit Spaß, zu der du gezwungen wirst?

Leckerchen gibt es nicht einfach mal so zwischendurch. Leckerchen wollen erarbeitet werden. Dann schmecken sie gleich besser. Das Gleiche kannst du für Spiele einführen. Es wird erst nach einer kurzen Trainingseinheit gespielt. Mach aus den Übungen Spiele, dann merkt deine Fellnase nicht, dass er gerade trainiert.

Geh beim Training in ganz kleinen Schritten vorwärts. Erwarte nicht zu schnell zu viel von deinem Welpen. Dann macht sich schnell Frust breit und dein Kleiner hat keinen Spaß mehr an den Übungen. Wenn etwas nicht klappt, geh in der Übung einen oder zwei Schritte zurück. Dann hat dein Kleiner es noch nicht verstanden. Überlege dir, wie du dich ihm besser verständlich machen kannst, zeige es ihm in Ruhe.

So belohnst du deinen Welpen richtig

Finde heraus, was dein Racker am liebsten mag, fressen, spielen, kuscheln, laufen usw. Das nutzt du als Belohnung. Biete ihm das als Belohnung an, von dem du weißt, dass er es liebt, für das er alles stehen und liegen lässt.

Diese einzelnen Belohnungen kannst du noch genauer unterteilen. Beim Fressen gibt es einen großen Unterschied zwischen:

- Würstchen,
- Käsehäppchen,
- kleingeschnittenen, hartgekochten Eier,
- Leberwurst aus der Futtertube,
- Kaustreifen aus getrocknetem Fleisch,
- gekauften Leckerchen, wenn ja, welche Marke und Sorte,
- seinem normalen Trockenfutter.

Den Unterschied kennt dein Kleiner genau. Spielt er lieber Bällchen Fangen oder ist Zerren das Größte? Läuft und tobt er gern mit dir?

Beobachte ihn und finde es heraus. Das erleichtert euer Training enorm. Je besser die Belohnung, umso besser ist die Motivation.

Du belohnst jeden noch so kleinen Fortschritt. Was für dich keine große Sache ist, kann für deine kleine Maus ein riesengroßer Schritt sein. Umso größer ist die Freude, wenn ihr diesen Schritt zusammen geschafft habt.

Wenn du mit einer neuen Übung beginnst, gibt es die allertollste Belohnung, die sich dein Racker vorstellen kann. Das ist wichtig, umso schneller verknüpfen sich die Neuronen in seinem Gehirn. Wenn du merkst, er hat es verstanden, gibt es manchmal die beste Belohnung, manchmal die zweitbeste Belohnung. Dann bleiben Spannung und Erwartungshaltung hoch. Dein Welpe weiß ja nie, wann er was bekommt. Bei jedem neuen Trainingsschritt gibt es wieder das Superleckerchen. Bei Übungen, die er schon kann, gehst du langsam in der Belohnung herunter. Nach den Würstchen gibt es tolle gekaufte Leckerli, später sein normales Trockenfutter. Wechsel die Belohnung in unregelmäßigen Abständen aus. Nach zweimal Trockenfutter gibt es einmal Würstchen, Trockenfutter, Leckerli, Würstchen usw. Das ist wie in der Lotterie, der Spielhalle oder der Losbude auf dem Jahrmarkt. Man kann nicht vorbeigehen, man muss es versuchen, man könnte etwas Tolles gewinnen! Wobei hier der Gewinn nicht an erster Stelle steht. Es ist der Reiz des Spielens, des Ungewissen. Dem kann selbst dein Vierbeiner nicht widerstehen.

Verliert dein Welpe die Lust an der Übung, geh in der Belohnung wieder höher.

Hat dein Kleiner eine Übung ganz toll gemacht, eventuell zum ersten Mal nach mehreren Fehlversuchen, hat er sich eine extra große Belohnung, den Jackpot, verdient. Das kann eine ganze Handvoll Leckerchen sein oder ein super Spielzeug. Nach dieser tollen Leistung beendest du die Übungseinheit. Die Versuchung, es noch einmal zu probieren, ist groß, noch größer ist jedoch die Wahrscheinlichkeit, dass die Übung jetzt schiefgeht. Dann seid ihr beide frustriert und geht mit einem negativen Gefühl aus dem Training. Bewahre lieber die Freude und Begeisterung der erfolgreichen Übung und nimm diese Gefühle mit in die nächste Übungseinheit.

Auf das richtige Timing kommt es an

Timing ist in der Hundeerziehung und -ausbildung enorm wichtig. Anfänger unterschätzen diese Tatsache meistens. Hier passt das Beispiel mit dem Training für das „Sitz“ hervorragend. Kommt deine Bestätigung zu spät, belohnst du etwas völlig anderes. Dein Welpe verbindet dein Lob mit dem, was er gerade tut. Du hast maximal eine Sekunde Zeit, damit er dein Lob mit dem Bodenkontakt seines Hinterteiles und der dazu gehörenden Körperhaltung verbindet.

Du kannst ausprobieren, wie viele kleine Bewegungen du oder dein Kleiner in einer Sekunde machen könnt. Genau so viel kann bei der Bestätigung schiefgehen. Am besten, du fängst an, dein Lobwort auszusprechen, wenn dein Welpe sein Hinterteil Richtung Boden bewegt. Warte nicht, bis es unten angekommen ist. Dann schaffst du es als Anfänger wahrscheinlich nicht rechtzeitig. Junge Welpen bleiben noch nicht sitzen, das lernen sie erst. Sie stehen sofort wieder auf. Dein Wort muss unbedingt kommen, bevor dein Racker aufsteht. Nur dann kann er es mit dieser Körperhaltung in Verbindung bringen.

Im Laufe des Trainings wird deine Reaktionsgeschwindigkeit besser werden. Übe einfach ein wenig. Computerspiele sind hier hilfreich.

Das Lobwort oder Markerwort

Die Zeitspanne, in der du deinem Welpen mitteilst, dass er es richtig macht, ist kurz. Demzufolge muss diese Mitteilung ebenfalls kurz sein. Dein entzückter Ausruf: „Das hast du jetzt fein gemacht!" ist viel zu lang. Schau auf die Uhr, wie lange es dauert, bis du diesen Satz ausgesprochen hast, bzw. wie lange es dauert, bis du ein Leckerchen aus deiner Tasche genestelt hast. Die Wahrscheinlichkeit ist groß, dass du ein völlig anderes Verhalten belohnst, als du wolltest.

Auch hier gilt wieder: kurz und knackig. Beliebte Lobwörter sind „Fein", „Super" oder „Brav". Wenn dieses Wort von dir in einer hohen, begeisterten Tonlage kommt, weiß dein Kleiner, dass er es richtig macht. Eine eindeutige Information, dieses Verhalten soll er zeigen. Nach diesem Lobwort folgt das Leckerli oder ein Spiel.

Lobwort und anschließende Belohnung gehören untrennbar zusammen. Das Lobwort versteht dein Welpe als Versprechen auf etwas Tolles. Versprechen musst du immer einhalten. Diese anschließende Belohnung darfst du nie weglassen, niemals. Das Wort allein ist als Belohnung zu schwach, es ist einzig eine Information, mehr nicht. Selbst, wenn die Information überaus wichtig ist.

Das Arbeiten mit einem Lob- oder Markerwort bringt dir einen großen Vorteil. Du kannst die Zeitspanne zwischen Lobwort und Belohnung ausdehnen. Dein Welpe weiß, er bekommt sein Goodie auf jeden Fall, er ist auf der sicheren Seite. Beim „Sitz" ist das Hinterteil auf dem Boden gelandet. Von dir kommt zeitgleich ein „Fein". Kann dein Racker das, kannst du anfangen, ihm sein Leckerchen erst eine Sekunde später zu geben. Funktioniert das ebenfalls, dehnst du die Zeit auf zwei, drei Sekunden, später auf mehrere Minuten aus. Damit lernt dein Welpe, länger sitzen zu bleiben. Bevor er aufstehen darf, kommt dein Auflösungskommando. Nach dem Auflösungskommando folgt keine Belohnung, kein Leckerchen. Damit würdest du jetzt das Aufstehen belohnen. Dass dein Welpe aufstehen darf, belohnt sich selbst, eben weil er jetzt aufstehen und herumlaufen darf.

Der Klicker

Der Klicker ist ein mechanisches Lobwort. Hier ersetzt der Klang des Klickers den Klang deines Wortes. Ansonsten funktioniert er wie dein Lobwort.

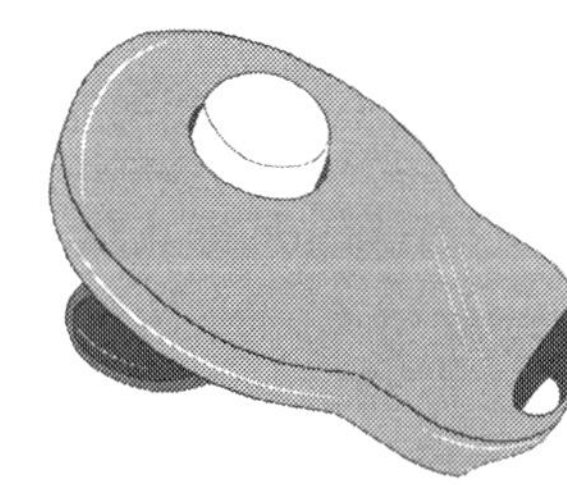

Lobwort versus Klicker

Lobwort oder Klicker, beide haben ihre Vor- und Nachteile. Wofür du dich entscheidest, ist deine Sache.

Der Klicker hat den Vorteil, dass er jedes Mal gleich klingt. Deine Stimme tut das nicht, du bist mal lauter, mal fröhlicher oder ein bisschen traurig. Dein Welpe hört das und könnte verwirrt sein, ist es nun das Wort oder nicht?

Ein Lobwort hat den Vorteil, dass du es immer mit dabei hast. Den Klicker kannst du zu Hause vergessen oder er ist in der anderen Jacke. Manchmal hast du einfach nicht genug Hände, um den Klicker noch in einer zu halten. Im Winter kannst du den Klicker mit Handschuhen schlecht bis gar nicht bedienen. Für das Lobwort brauchst du keine Hand, das ist stets griffbereit.

Deinen Welpen auf Lobwort oder Klicker prägen

Das Lobwort und das Klicken sind am Anfang für deinen Welpen ein beliebiges Geräusch, ohne jede Bedeutung.

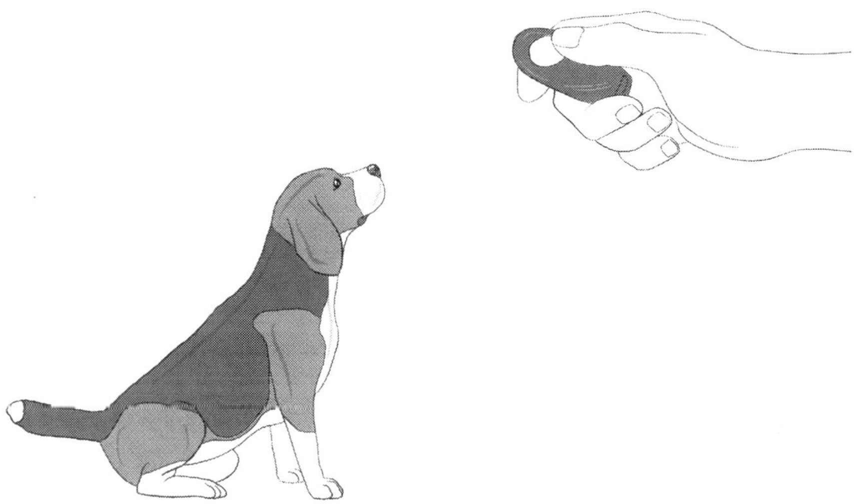

Dass ihn dieses Geräusch betrifft, muss dein Kleiner erst lernen. Du setzt dich entspannt hin. Neben dir steht ein Teller mit guten Leckerchen. Jedes Mal, wenn du entweder das Lobwort aussprichst oder klickst, schiebst du deinem Racker ein Leckerchen ins Schnäuzchen. Das wird er toll finden. Die meisten Welpen reagieren nach dem fünften oder sechsten Lobwort/Klick. Sie schauen gespannt entweder zu dir oder zum Klicker. Der erste Schritt ist geschafft, Pause. Diese Übungseinheit wiederholst du zwei- bis dreimal. Dein Zwerg hat gelernt, dass dieses Geräusch ganz toll ist. Er verbindet es mit einer Belohnung.

Im nächsten Schritt lernt dein Welpe, dass die Belohnung nicht automatisch kommt. Er muss dafür Arbeit investieren. Die Ausgangssituation ist die gleiche wie bei Schritt eins. Du sitzt mit vielen Leckerchen bewaffnet, entspannt bei deinem Welpen. Er wartet auf seine Leckerlis, bekommt aber keine. Du wartest bis er irgendetwas tut, egal was. Viele Welpen schauen zur Seite, mache setzen sich hin, er hebt ein Pfötchen, leckt sich sein Schnäuzchen oder was auch immer. In dem Moment, in dem dein Racker anfängt, etwas zu machen, kommt das Lobwort, der Klick, gefolgt vom Leckerli.

Dann wartest du wieder, bis zu seiner nächsten Aktion. Es muss nicht die gleiche sein, wie beim ersten Mal. Hauptsache er tut etwas. Sofort kommen wieder Lobwort / Klick und Leckerchen. Das solltest du mehrere Übungseinheiten fortsetzen. Achte darauf, dass er sein Lob nicht ständig für die gleiche Aktion bekommt. Hat er sich dreimal hingesetzt, muss er sich für das vierte Leckerchen etwas anderes einfallen lassen.

Im dritten Schritt lernt er, dass er sich die Belohnung verdienen kann. Hierfür sollte dein Welpe schon ein bis zwei Kommandos ausführen können. Du gibst ihm ein Kommando und so wie er es richtig ausführt, kommen das Lobwort, der Klick und sein Leckerchen.

Schritt zwei kann zu Anfang länger dauern. Manche Welpen tun sich hier schwer. Es kann sein, dass dein Racker leicht frustriert ist, wenn keine Leckerlis kommen. Das gehört in dem Fall zum Lernprozess, hab Geduld.

Dein Kleiner hat den Klicker verstanden, wenn er die Hand anschaut, in der du den Klicker hältst und nicht die Hand, in der das Leckerli ist.

Abbruchsignal

Das brauchst du, wenn du deinem Welpen sagen möchtest, dass du das, was er gerade tut, nicht gut findest. Egal ob er sich eine Scheibe Wurst vom Tisch stibitzen möchte oder deine Socken zerkaut.

Hat dein Schlingel seine Tätigkeit eingestellt, sei nicht nachtragend. Auch dann nicht, wenn es deine Lieblingssocken waren. Hunde sind nie nachtragend, dieses Gefühl versteht dein Kleiner nicht.

Du musst es deinem Welpen erklären, was das Abbruchsignal bedeutet. Ihr müsst es trainieren. Viele Hundebesitzer schreien ihren Vierbeiner mit „Nein" oder „Aus" an, wenn er etwas nicht tun soll. Die meisten haben dabei vergessen, ihrem Hund zu sagen, was „Nein" oder „Aus" bedeutet. Sie wundern sich, warum es nicht funktioniert und sind dann böse auf ihren Hund.

Ist dein Welpe neu eingezogen und du erwischst ihn beim Socken zerkauen, nimm ihm den Socken einfach weg. Ihn jetzt mit „Nein" korrigieren zu wollen, würde nichts bringen. Er weiß noch nicht, was „Nein" bedeutet.

Das Abbruchsignal trainieren

Du setzt dich zu deinem Welpen auf den Boden. In der Hand hast du ein Leckerchen, Kaustreifen oder Schweineohr. Dein Racker wird kommen und es haben wollen. Er wird hochklettern, an deine Hand stupsen oder kratzen. Du gibst ihm das leckere Teil nicht. Es gehört dir. Gibt er sein Tun auf und wendet sich ab, kommt sofort (innerhalb einer Sekunde) ein großes Lob von dir mit Belohnung. Diese Übung musst du mehrmals wiederholen, bis dein Kleiner es verstanden hat.

Als Kommando kommen hier „Nein“, „Pfui“, „Tabu“ oder „Lass“ infrage. Zur Unterstützung kannst du deinen Welpen mit nach vorn gezogenen Mundwinkeln streng anschauen, eventuell mit dem Kopf schütteln. Funktioniert das alles nicht, wendest du kurz den Schnauzengriff an.

Achte darauf, dass du die körperlichen Signale nicht übertreibst. Dein Blick braucht nur so scharf zu sein, wie unbedingt notwendig. Presse beim Schnauzengriff nicht mit Gewalt die Schnauze deines Welpen zusammen. Nimm sie ganz leicht zwischen Daumen und Zeigefinger und drück die Schnauze Richtung Boden.

Das sollte dein Welpe können

Es gibt einige elementare Dinge, die dein Welpe können sollte. Das Zusammenleben ist damit wesentlich entspannter.

Dein Welpe wird stubenrein

Damit fängst du gleich am ersten Tag an. Warte nicht bis es zu spät ist. Es ist besser, wenn du die Initiative ergreifst. Zu Anfang bedeutet das, dass du ca. alle zwei Stunden mit dem kleinen Kerlchen nach draußen gehst. Du hilfst ihm zu verstehen, um was es geht, wenn ihr jedes Mal die gleiche Stelle aufsucht. Hat er sich dort schon einmal erleichtert, riecht er das und wird ganz von selbst dazu animiert, sich zu lösen. Nach erfolgreichem Geschäft, egal ob groß oder klein, lobst du deinen Welpen ausführlich und gibst ihm ein Leckerchen.

In der Wohnung solltest du deinen Welpen im Blick behalten. Wird er unruhig, läuft er hin und her? Dann schnell nach draußen mit ihm, das ist ein sicheres Zeichen, dass er sich lösen möchte.

Ganz sicher muss dein Welpe raus, nachdem er gefressen, getrunken oder längere Zeit geschlafen hat.

Akut wird die Situation, wenn der Welpe anfängt mit der Nase am Boden Kreise zu laufen. Dann muss es schnell gehen. Trotz aller Eile nimmst du ihn ruhig auf den Arm und trägst ihn so schnell es geht nach draußen, alles andere dauert zu lange.

Trotz aller Vorsorge wird deinem neuen Freund ab und zu ein Missgeschick passieren. Bleib ruhig und wisch es einfach weg. Hab Geduld, ein Welpe kann rein anatomisch seine Schließmuskeln für Blase und Darm erst ab einem Alter von vierzehn Wochen kontrollieren. Zudem fühlt er sich in seiner neuen Familie anfangs unsicher und ängstlich.

Du hilfst deinem Welpen, wenn ihr immer zu festen Zeiten Gassi geht. Er wird sich schnell an den Rhythmus gewöhnen. Wichtig ist, dass du freundlich und ruhig bleibst und dem Welpen die Zeit gibst, die er zum Lernen braucht.

Denk daran, dass Hunde im Welpenalter noch keine langen Spaziergänge laufen sollten, da sie noch im Wachstum sind und für eine solche Belastung noch nicht bereit sind. Es ist aber natürlich wichtig, dass er Spaß hat und die Außenwelt Schritt für Schritt entdeckt. Dafür soll dein Racker mehrmals am Tag draußen. Die genaue Länge der Zeit draußen richtet sich nach seinem Alter. Grundsätzlich sollte ein Hund im Welpenalter maximal fünf Minuten pro Lebensmonat am Stück laufen

Das Spiel mit dem Namen

Dein Welpe wird seinen Namen schnell lernen, wenn er etwas Angenehmes damit verbindet.

Setz dich entspannt neben deinen Hund. Weiche Superleckerli, kleingeschnittener Käse oder hartgekochtes Ei liegen griffbereit. Jetzt sagst du in einem freundlichen, lobenden Ton den Namen deines Welpen und schiebst ihm gleichzeitig ein Leckerli ins Schnäuzchen. Das wiederholst du mehrmals. Nachdem du seinen Namen das nächste Mal ausgesprochen hast, wartest du einen Moment. Wahrscheinlich wird dich dein kleiner Schüler voller Vorfreude ansehen. Bei Blickkontakt bekommt er sofort seine Belohnung. Warte, bis er wegschaut und wiederhole die Übung.

Hat dein Welpe das verstanden, stellst du dich locker neben ihn und wartest, bis er sich mit irgendetwas beschäftigt und nicht auf dich achtet. Dann sagst du seinen Namen. In dem Moment, indem er seine Tätigkeit unterbricht, um sich dir zuzuwenden, kommt dein Lobwort und du gibst ihm sein wohlverdientes Leckerli.

Klappt auch das sicher, entfernst du dich erst einen Schritt, später zwei Schritte und dann immer weiter von deinem Welpen, bevor du ihn ansprichst.

Diese Übungen kannst du immer wieder zwischendurch machen. Habt Spaß daran, zusammen zu sein und gemeinsam etwas zu erleben.

Kein Hochspringen an Menschen

Es ist schon lästig, da hast du die guten Sachen gerade angezogen und dein Racker springt begeistert mit schmutzigen Pfoten an dir hoch. Viele Menschen sind generell nicht davon begeistert, wenn Hunde sie anspringen.

Wie reagierst du, wenn er dich anspringt? Du beugst dich zu ihm hinunter und schiebst ihn weg. Mit anderen Worten, er bekommt deine Aufmerksamkeit. Das ist genau das, was dein Racker möchte. Also wird er demnächst wieder an dir hochspringen. Er hatte Erfolg.

Ignoriere ihn das nächste Mal. Stell dich gerade hin, verschränke die Arme vor der Brust und schau nach oben. Zusätzlich kannst du dich noch umdrehen, das ist meistens nicht mehr notwendig. Wenn dein Welpe die erhoffte Aufmerksamkeit nicht bekommt, wird es ihm schnell langweilig. Nach zwei oder drei erfolglosen Versuchen, wird er aufhören und sich einer spannenderen Tätigkeit widmen.

Diese Übung sollte die ganze Familie mit dem Kleinen machen. Erkläre auch deinen Freunden und Verwandten, wie sie sich verhalten sollen, wenn sie zu Besuch kommen.

Hat dein Racker ständig Misserfolge, wird er das Anspringen sein lassen.

Versucht er es trotzdem wieder, kannst du zur Unterstützung dein Abbruchsignal einsetzen.

An Schuhen, Möbeln und Co. wird nicht gekaut

Nagt dein Kleiner eifrig an allem, was seine Zähnchen erreichen? Das kann ein Zeichen von Langeweile oder Unterforderung sein. Dann hilft es, wenn du dich mehr mit ihm beschäftigst. Das solltest du so schnell wie möglich tun, sonst etabliert sich dieses Verhalten. Hat deine Fellnase sich das Anknabbern erst angewöhnt, wird es schwer, es ihm wieder abzugewöhnen. Fordere seinen Geist heraus. Welpen lieben Schnüffelspiele. Such dir drei oder vier Plastikbecher oder Blumentöpfe. Stell sie umgedreht auf den Boden, unter einem hast du ein Stück Käse oder Würstchen versteckt. Findet dein Racker es?

Du hast ein Rohr, ca. ein bis eineinhalb Meter lang. Das kann ein Stück Wasserleitung sein, eine Papphröhre oder ein Ende vom Gartenschlauch. Halte es schräg, ein Ende berührt den Boden, das andere Ende hältst du in der Hand. Zeig deinem vierbeinigen Freund ein Leckerchen. Er wird es haben wollen, aber schwups, verschwindet es im Rohr! Natürlich kullert es auf der anderen Seite wieder heraus. Wie lange dauert es, bis dein Racker dahinterkommt und es findet?

Spannend wird es auch, wenn du eine Decke auf dem Boden ausbreitest und sein Spielzeug darunter hin und her ziehst.

Du kannst Spielzeug oder Leckerchen verstecken und deinen Racker danach suchen lassen. Versteck es zu Anfang so, dass er es schnell findet. Sonst verliert er die Lust. Hat er das Spielie gefunden, dann gibt es ein lustiges Spiel damit. Für Suchprofis kannst du das Goodie schwerer verstecken. Dann wird die Herausforderung größer.

Hier funktioniert das Spiel mit dem Pappkarton und den in Knüllpapier versteckten Leckerlis ebenfalls.

Du kannst im Handel einen Schnüffelteppich erwerben, oder selbst einen basteln. Dazu brauchst du ein altes Orangen- oder Kartoffelnetz und ein paar Wollreste, Stoffstreifen oder Fleecestücke. Knote die Wollfäden und Stoffstreifen dicht in das Netz. Zur Abwechslung befestigst du noch die Stücke aus Fleece oder andere Materialien. Darin versteckte Leckerlis wollen erschnüffelt werden.

Ist dein Welpe gerade im Zahnwechsel, muss er viel zum Kauen haben. In dieser Zeit sollte er immer Kauspielzeug oder Kauknocken aus Büffelhaut und andere Kauartikel zur Verfügung haben.

Erwischst du deinen Schlingel, wenn er an deinen Schuhen kaut, benutzt du dein Abbruchsignal und bietest ihm einen Kauknochen an. Klappt das Abbruchsignal noch nicht, nimmst du ihm vorsichtig deinen Schuh aus dem Schnäuzchen und gibst ihm ebenfalls eine Alternative zum Kauen.

Nicht in Hosenbeine beißen

Vor allem aktive Welpen haben einen Heidenspaß daran, sich bewegende Hosenbeine zu fangen. Für denjenigen, der die Hose trägt, hält sich der Spaß in Grenzen. Reagierst du jetzt, indem du deinen Zwerg hektisch mit den Händen abwehrst, bekommt er genau das, was er möchte: Spaß, Spiel und Aufmerksamkeit.

Hier hilft ein ruhiges, klares Abbruchsignal.

Nicht an Pulloverärmeln und Händen knabbern

Versucht dein Welpe in deine Ärmel von Pullovern oder Hemden zu beißen, wenn du mit ihm knuddelst? Verwende dein Abbruchkommando und gib ihm ein Spielzeug als Kauersatz.

Deine Hände und Finger sind ebenfalls keine Kauknochen. Schrei kurz auf oder quietsche, das sollte die Beißhemmung bei deinem Kleinen auslösen. Falls nicht, hast du dein Abbruchsignal.

Auf Kommando Hinsetzen

Das lernt dein Welpe schnell. Locke ihn mit einem guten Leckerli in die richtige Position.

Du hast das Leckerchen in der Hand. Geh mit der Hand so weit vor, dass dein Racker es riechen, aber nicht erreichen kann. Er soll wissen, dass es da ist. Damit hat deine Hand seine volle Aufmerksamkeit. Dann bewegst du deine Hand langsam nach oben/hinten in Richtung seiner Ohren.

Dein Racker will das Leckerchen. Weil er deine Hand nicht aus den Augen verlieren möchte, geht seine Schnauze nach oben, sein Vorderkörper streckt sich und das Hinterteil landet auf dem Boden. Wie weiter oben beschrieben, musst du jetzt schnell sein. Lobwort, Leckerchen und Auflösungssignal müssen sofort kommen.

Sobald das zuverlässig funktioniert, führst du dein Stimmkommando ein. Du sagst dein Wort, beispielsweise „Sitz", kurz bevor das Hinterteil deines Welpen den Boden berührt. Nach einigen Wiederholungen wird dein Kleiner das Wort mit seiner Körperhaltung in Verbindung bringen.

Hier kannst du gleichzeitig dein Sichtzeichen trainieren. Verwendest du den üblichen erhobenen Zeigefinger, geht das ganz von allein. Klemm dir das Leckerchen zwischen die restlichen drei Finger und die Handfläche. Den Zeigefinger streckst du gerade nach vorn/oben. Bald wird sich dein Kleiner setzen, sowie er deine Handbewegung sieht.

Manche Welpen setzen sich nicht hin, wenn du das Leckerchen nach oben/hinten bewegst. Sie versuchen es zu erreichen, indem sie rückwärtsgehen. Schneide deinem Racker den Weg nach hinten ab. Geh mit ihm zum Üben in eine Ecke, dann ist der Weg nach hinten versperrt. Pass dabei auf, dass du ihn nicht zu sehr in die Ecke drückst, er könnte sich bedroht fühlen.

Länger sitzen bleiben

Das Hinterteil ist auf dem Boden angekommen, dein Lobwort kommt sofort. Mit dem Lobwort versprichst du deinem Welpen eine Belohnung. Zu Anfang muss die Belohnung ebenfalls sofort kommen. Hat dein Welpe verstanden, worum es geht, kannst du die Übung weiter ausbauen. Gib ihm seine Belohnung eine Winzigkeit nach deinem Lobwort. Fang mit maximal einer Sekunde an. Da dein Racker auf seine Belohnung wartet, wird er sitzen bleiben. Wenn nicht, hat er die Übung noch nicht richtig verstanden.

Reich ihm das Leckerchen nicht von oben oder von vorn, er würde aufstehen, um es früher zu erreichen. Mach dazu eine schwungvolle Aufwärtsbewegung mit deinem Arm, so dass du sein Schnäuzchen in einem Bogen von unten erreichst. Achte darauf, dass du dich nicht zu weit über ihn beugst. Er ist in dieser noch neuen Situation wahrscheinlich unsicher und könnte das als Bedrohung empfinden.

Aus einer Sekunde werden zwei, drei usw. Nach der Belohnung kommt dein Auflösungssignal. Achte darauf, dass dein Kleiner nicht von sich aus aufsteht. Wenn du merkst, er wird unruhig, lös die Übung auf.

Leinenführigkeit

Welpen hüpfen, laufen und toben gern. Eine Leine ist dabei fürchterlich lästig. Schränkt sie doch den Tatendrang deines Rackers gewaltig ein.

Halte eure Ausflüge, bei denen dein Kleiner an der Leine gehen muss, zu Anfang kurz. Dann ist er nicht unnötig gestresst. Junge Welpen bringst du zum Lösen und Auslaufen am besten in ein umzäuntes Gelände. Dort können sie sich frei bewegen und lernen gar nicht erst, an der Leine zu ziehen.

Wenn es dann soweit ist und der erste Spaziergang an der Leine ansteht, plane viel Zeit ein. Jedes Mal, wenn dein Racker an der Leine zieht, in welche Richtung auch immer, bleibst du stehen. Du stehst ganz ruhig da, sagst nichts und bewegst dich nicht. Dein Kleiner wird sich wundern, warum es nicht weiter geht. Du wartest, bis er sich zu dir umdreht. Das kann mehr oder weniger lange dauern. Hier ist Geduld gefragt. In dem Moment, wo er sich umdreht, kommt sofort dein Lobwort. Daraufhin kommt er zu dir zurückgelaufen, weil er sich seine Belohnung abholen möchte. Empfange ihn mit ausgebreiteten Armen und freue dich. Hat er sein Leckerli gefressen, geht es weiter. Zieht deine Fellnase wieder, bleibst du wieder stehen und das Spielchen beginnt von neuem.

Das Ziel dieser Übung ist klar. Dein Welpe lernt, wenn ich meinen Kopf durchsetzen will, komme ich nicht weit. Arbeite ich mit meinem Menschenfreund zusammen, bekomme ich, was ich möchte. Wir gehen vorwärts.

Am ehesten bleibt dein Welpe bei dir, wenn es bei spannend ist. Sprich mit ihm, wechsle die Richtung oder das Tempo. Geht er von sich aus an lockerer Leine, bekommt er ab und zu ein Leckerchen.

Am besten übst du das zuerst wieder ohne Ablenkung in einer ruhigen Ecke. Dann kannst du belebtere Straßen entlanggehen. Ist dein Kleiner ein Profi in Sachen Leinenführigkeit, sind ein Parkplatz vor einem Supermarkt oder ein Besuch auf dem Wochenmarkt möglich. Hier ist die Ablenkung extrem hoch. Fortgeschrittene lernen hier zwischen vielen Menschen zu laufen, Autos fahren vorbei, Autotüren klappen, Einkaufswagen quietschen.

Wohnst du in der Stadt und möchtest deinen Vierbeiner später auf dem Hundeparkplatz neben der Supermarkttür „parken“, sind das gute Vorübungen. Dann kennt er den Trubel um sich herum schon und bleibt ruhig.

Ableinen ohne Hektik

Du hakst die Leine ab, dein Kleiner wittert die große Freiheit und stürzt los. Eine unschöne Situation mit viel Hektik und Gezerre, weil dieser Haken nicht schnell genug aufgeht.

Wie wäre es, wenn du deinem Kleinen erst ein „Sitz"- Kommando gibst, er sich hinsetzt und geduldig wartet, bis die Leine ab ist? Auf dein Auflösungssignal hin, darf er zum Objekt seiner Begierde laufen. Das kann ein Spielkumpel sein, seine Badestelle oder eine interessant riechende Ecke.

Bevor es soweit ist, sollte dein Welpe das „Sitz" beherrschen und wissen, dass er bis zum Auflösungssignal sitzen bleiben soll.

Die Aufgabe für dich besteht darin, ruhig zu bleiben. Verfalle nicht in Hektik, weil dein Kleiner es eilig hat. Je ruhiger du bist, umso ruhiger wird dein Welpe sein. Er lernt, dass er mit Geduld ans Ziel kommt.

Lass ihn zu Anfang nicht zu lange sitzen. Geduld ist für einen kleinen Welpen eine große Sache. Übe das ruhige Ableinen erst ohne Ablenkung. Der wartende Spielkumpel ist eine große Ablenkung und etwas für Fortgeschrittene. Übt zuerst zuhause im Garten, dann auf der leeren Hundewiese oder einem Feldweg. Später kommt ein spannendes Mauseloch usw. dazu.

Auf der Leine wird nicht gekaut

Viele Welpen nehmen die Leine gern ins Schnäuzchen und kauen darauf herum. Wenn du nicht ständig neue Leinen kaufen möchtest, solltest du das von Anfang an unterbinden.

Hier kommt euer Abbruchsignal zum Einsatz. Biete ihm ein Spielzeug als Ersatz an. Du solltest immer eines in der Tasche haben. Darauf kann er herumkauen und es tragen.

Das „Hierher-Spiel“ oder der Rückruf

Dein Welpe möchte in freiem Gelände ohne Leine laufen und toben. Das geht nur, wenn er gelernt hat, auf deinen Ruf zu dir zu kommen. Alles andere wäre zu gefährlich. Es kann ein Auto kommen, ein fremder Hund oder ein Radfahrer. Dein Welpe soll nicht zu anderen Spaziergängern laufen und sie belästigen. Eventuell trefft ihr einen Menschen, der Angst vor Hunden hat. Aus Höflichkeit rufst du deinen Racker und sicherst ihn, bis euch die Leute passiert haben.

Je sicherer dein Welpe den Rückruf beherrscht, umso mehr Freiheiten kannst du ihm gewähren.

Als Kommandowort wird gern „Hierher“, „Hier“ oder „Komm“ verwendet. Du solltest nicht den Namen deines Rackers benutzen. Seinen Namen hört dein Kleiner öfter am Tag und er muss nicht jedes Mal zu dir kommen. Das würde ihn verwirren, Klarheit zahlt sich aus.

Du beginnst, wie immer, in einer ruhigen Umgebung ohne Ablenkung. Dein Racker ist in deiner Nähe, höchstens zwei bis drei Meter entfernt. Du rufst ihn mit dem Kommandowort. Gleichzeitig drehst du dich zur Seite und läufst in die entgegengesetzte Richtung. Deinen Racker behältst du im Blick. Macht er Anstalten, dir zu folgen, kommt sofort dein Lobwort. Hat er dich eingeholt, folgt ein tolles Spiel oder Leckerchen.

Gehört dein Welpe zu einer Rasse, die gern jagt, wie alle Terrier oder spezielle Jagdhunderassen, solltest du zur Belohnung ein Zerrspiel nutzen. Diese Belohnung ist für ihn wesentlich stärker als ein Leckerli. Du möchtest ihn später rufen können, falls er ein Reh oder einen Hasen aufstöbert und hinterherjagt. Wenn du ihm dann ein Zerrspiel anbietest, hast du gute Chancen. Deine Belohnung muss viel, viel stärker ausfallen als die Belohnung, die er sich durch die Hetzjagd selbst verschafft. Wegen eines Leckerches wird er nicht zurückkommen.

Sorge dafür, dass dein Welpe sich wirklich wohlfühlt und ihr eine tolle Zeit habt, wenn er auf dein Rufen gekommen ist. Umso höher ist die Wahrscheinlichkeit, dass er beim nächsten Mal ebenfalls kommt.

Das „Hierher-Spiel" wiederholst du ca. zwanzig bis dreißig Mal am Tag zu unterschiedlichen Zeiten. Es funktioniert in der Wohnung genauso wie im Garten. Kommt er sicher, kannst du das Weglaufen langsam austrudeln lassen. Irgendwann drehst du dich nur noch zur Seite und viel später brauchst du auch das nicht mehr. Das lustige Spiel bleibt nach wie vor.

Lass dir Zeit und erhöhe die Ablenkung langsam. Deinen Welpen von einem spannenden Mauseloch wegzurufen ist schon eine Herausforderung. Das schafft dein Kleiner erst nach mehreren Wochen Training. Gib ihm keine Gelegenheit, dein Rufen zu ignorieren. Wenn du weißt, er ist noch zu sehr abgelenkt und es wird wahrscheinlich nicht klappen, lass es. Dein Rufen zu ignorieren lernt er noch schneller, als auf deinen Ruf zu kommen. Hat er damit mehrmals Erfolg, hast du verloren.

Einmal rufen genügt, du rufst höchsten noch ein zweites Mal. Dann drehst du dich um und gehst wortlos in die entgegengesetzte Richtung. Du wirst staunen, wie schnell dein Welpe an deiner Seite ist.

Es ist sinnlos zehnmal „Hierher" zu rufen. Dein Kleiner lernt, dich zu ignorieren.

Schimpf nicht mit ihm, wenn er dann endlich bei dir angekommen ist. Er kommt schneller und sicherer, wenn ihn ein freudiges Ereignis erwartet. In dem Fall fällt die Belohnung nicht allzu üppig aus, aber freu dich, dass er gekommen ist. Dein Schimpfen erreicht deinen Welpen in dem Moment, in dem er bei dir ankommt.

Er verknüpft es mit seinem Zurückkommen, nicht damit, dass er dich vorher ignoriert hat.

Ist dein Welpe bei dir eingetroffen, leine ihn nicht sofort an. Warte damit einen kleinen Augenblick. Sonst verbindet er das Kommen damit, dass er sofort an die Leine genommen wird.

Dein Welpe legt sich hin, „Platz“

Ruhig liegende Hunde haben viele Vorteile. In der Eisdiele liegt dein Freund neben deinem Stuhl und auf dem Feldweg können andere Spaziergänger passieren, ohne dass du deinen Racker jedes Mal an die Leine nehmen musst.

Dein Welpe sitzt vor dir. Du hast ein Leckerli in der geschlossenen Hand. Geh nun mit der Hand einige Zentimeter vor seine Nase, dass er es riechen kann. Dann bewegst du deine Hand langsam gerade nach unten. Die Welpennase mit dem Welpenkopf und dem ganzen Oberkörper werden deiner Hand folgen. Ist deine Hand auf dem Boden angekommen und dein Kleiner legt sich hin, öffnest du die Hand mit der Handfläche nach oben. Sowie dein Kleiner liegt, kommt dein Lobwort und deine Hand geht auf. Anschließend wieder sofort das Auflösungskommando.

Es ist wichtig, dass du deine Hand ganz gerade nach unten führst. Ziehst du sie nach vorn oder zur Seite, wird dein Racker aufstehen, um an das Leckerchen zu kommen.

Bei manchen Welpen will der Bauch einfach nicht auf dem Boden landen. Dann setzt du dich auf den Boden. Ein Bein winkelst du so weit an, dass dein Welpe gerade darunter passt. Lock ihn mit einem Leckerchen unter dein Bein. In dem Moment, in dem sein Bauch auf dem Boden ankommt, kommt dein Lobwort und er bekommt das Leckerchen. Das übst du ein paar Mal, dann sollte es ohne deine Hilfestellung funktionieren.

Hast du ein Sensibelchen, leg ihm eine weiche Decke unter. Das genügt meistens, und er legt sich hin.

Weiß dein Welpe, worum es bei dem Spiel geht, führst du wie gewohnt eine Hand zum Boden. Er legt sich hin und hoppla, das Leckerchen kommt aus der anderen Hand! Die Hand, die du zum Boden führst, hältst du erst so, als ob ein Leckerchen drin ist. Nach und nach kannst du die Finger strecken und parallel zum Boden halten.

Dein nächstes Ziel ist es, dass du deine Hand nicht mehr bis zum Boden senken musst, damit sich dein Racker hinlegt. Lass ihm dafür wieder genug Zeit. Sein Leckerchen bekommt er jedes Mal aus der anderen Hand. Irgendwann brauchst du ihm nur noch deine flache Hand zu zeigen und er wird sich hinlegen. Bravo, dein Welpe hat ein Sichtzeichen gelernt.

Liegen bleiben

Hier gehst du vor, wie unter „Länger sitzen bleiben“ beschrieben.

Soll dein Kleiner später (sehr viel später), wirklich lange liegen bleiben, gib ihm zwischendurch ein paar Häppchen, das hält ihn bei Laune. Die Häppchen gibst du ihm von deiner auf dem Boden liegenden Hand.

Bleib

Dein Welpe kann sich hinsetzen oder hinlegen und beides schon etwas länger durchhalten. Bis jetzt hast du noch neben ihm gestanden. Die Übungen werden um einiges schwerer, wenn du dich von ihm entfernst.

Ziel der Übung ist es, dass dein Welpe allein dort bleibt, wo er ist, bis er dein Auflösungssignal bekommt.

Um das zu lernen, ist viel Zeit, Geduld und Vertrauen notwendig. Geh immer schrittweise vor und überstürze nichts. Klappt es nicht, geh einen Schritt zurück. Das Bleiben ist eine große Herausforderung für deinen kleinen Welpen.

Du lässt deinen Welpen „Sitz“ oder „Platz“ machen. Jetzt hebst du ein Bein an und setzt es wieder auf die Erde. Sitzt dein Racker noch? Prima, dickes Lob. Ist dein Welpe davon nicht beeindruckt, hebst du nun ein Bein und stellst es nach hinten auf den Boden, als ob du einen Schritt rückwärts machen möchtest. Möchte dein Kleiner aufstehen, nimm das Bein sofort wieder nach vorn. Versuche, dein Bein Zentimeter für Zentimeter rückwärts zu schieben. Jeder noch so winzige Erfolg wird natürlich belohnt. Steht dein Welpe zwischendurch auf, setzt du ihn wieder hin. Halte die Übungseinheiten kurz, langes Sitzen oder Liegen ist schwer für Welpen.

Steht dein Bein hinten und dein Racker bleibt brav sitzen, verlagerst du dein Gewicht auf dieses hintere Bein. Klappt das, setzt du dein Bein in flüssigen Bewegungen nach hinten und nach vorn.

Als Nächstes hebst du das vordere Bein kurz an. Dann machst du wirklich einen Schritt rückwärts. Eventuell musst du wieder Stück für Stück arbeiten.

Nachdem der erste Schritt geschafft ist, geht es schneller. Du gehst Schritt für Schritt weiter weg. Wenn dein Welpe sitzen oder liegen bleibt, sagst du das Kommandowort „Bleib“. Zwischendurch gehst du zu deinem Racker zurück und gibst ihm ein Leckerchen. Du kannst auch stehenbleiben, vorwärts und rückwärts oder zur Seite laufen.

Bis es soweit ist, habt ihr einen langen Weg vor euch. Freu dich mit deinem Welpen über jedes erreichte Zwischenziel und habt Spaß am gemeinsamen Üben.

Geh ins Körbchen

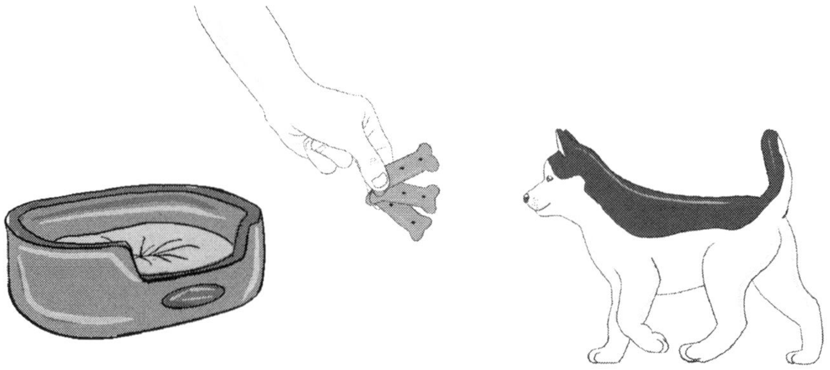

Lock deinen Welpen mit einem Leckerchen in sein Körbchen. Ist er angekommen, bekommt er sein Lobwort und das Leckerchen. Später bleibst du vor dem Körbchen einen Schritt zurück und lässt deinen Kleinen allein hineingehen. Zeige mit einer Hand in Richtung Körbchen. Verbinde sein Tun mit dem Wort „Körbchen“. Funktioniert das, bleibst du immer weiter weg. Nach deinem Lobwort gehst du zum Körbchen und gibst ihm sein Leckerchen.

Damit er länger im Körbchen bleibt, ist es von Vorteil, wenn er die „Bleib“-Übung beherrscht.

Alleinbleiben

Allein in der Wohnung zu bleiben, bedeutet für die meisten Welpen Stress. Damit es ihm leichter fällt, gehst du ganz langsam vor.

Beginne mit alltäglichen Dingen. Geh ganz ruhig in die Küche, um dir einen Snack zu holen. Du schließt die Wohnzimmertür hinter dir und dein Welpe bleibt für diesen Moment allein zurück. Wenn du zurückkommst, setzt du dich wieder hin, ohne deinen Welpen besonders zu beachten.

Geh ohne deinen Welpen ins Bad. Das dauert schon etwas länger.

Dabei lernt dein Kleiner im normalen Tagesablauf, so ganz nebenbei, dass du ab und zu das Zimmer ohne ihn verlässt. Wichtig ist, dass du keine großen Abschiedsszenen machst. Eventuell sagst du zu ihm: „Ich komme gleich wieder." oder „Bin gleich wieder da."

Bleibt deine Fellnase ruhig, kommst du zu ihm zurück. Winselt oder jammert er, wartest du, bis er eine Pause macht und ruhig ist. Diese Pause ist eventuell kurz, du musst schnell reagieren, bevor er wieder einsetzt. Öffnest du die Tür, solange er winselt, würdest du das Winseln mit deinem Kommen belohnen. Er würde lernen: „Ich brauch nur ordentlich zu jaulen und schon kommt jemand."

Lass ihn nach und nach länger allein. Kehre zu ihm zurück, bevor es ihm zu lang wird und er anfängt zu bellen oder an der Tür zu kratzen. Später verlässt du nicht nur das Zimmer, du gehst aus der Wohnung. Schau draußen kurz nach dem Wetter, dann erledigst du einen kurzen Einkauf usw.

Du kannst ihm die Zeit des Alleinseins versüßen. Biete ihm Beschäftigung an. Spielzeuge, Kauknochen oder in viel Papier eingewickelte Leckerchen sorgen für Ablenkung. Die Leckerchen muss er auspacken, darüber vergisst er den Trennungsschmerz.

Im Handel gibt es Snackbälle, die du befüllen kannst. Dein Racker muss sie über den Boden rollen, damit die Goodies herausfallen.

Lange und leckere Beschäftigung bietet ein Kong. Den kannst du mit Streichkäse, Leberwurst und dergleichen füllen. Es dauert eine Weile, bis dein Racker ihn ausgeschlabbert hat. Nach all diesen anstrengenden Arbeiten wird sich dein Welpe in sein Körbchen zurückziehen und ein ausgiebiges Nickerchen halten.

Wartet ein entspannter Welpe auf dich, wenn du nach Hause kommst, hast du alles richtig gemacht. Was aber, wenn dein kleiner Freund in deiner Abwesenheit seine Zähnchen an deinen Möbeln oder dem Teppich ausprobiert hat? Das kann mehrere Gründe haben. Dein Kleiner ist unterfordert, dann unternimm mehr mit ihm und beschäftige dich mit ihm. Er ist mit der Situation überfordert und hat Verlassensängste. Dann ist dein Kleiner entweder noch zu jung, um allein zu bleiben oder du bist im Training zu schnell vorwärts gegangen. Hilf ihm und geh im Training wieder ein paar Schritte zurück. Eventuell ist er gerade im Zahnwechsel und kaut generell auf allem herum. Dann brauch er lediglich ausreichend Kauspielzeug und Kauknochen.

In die Box gehen

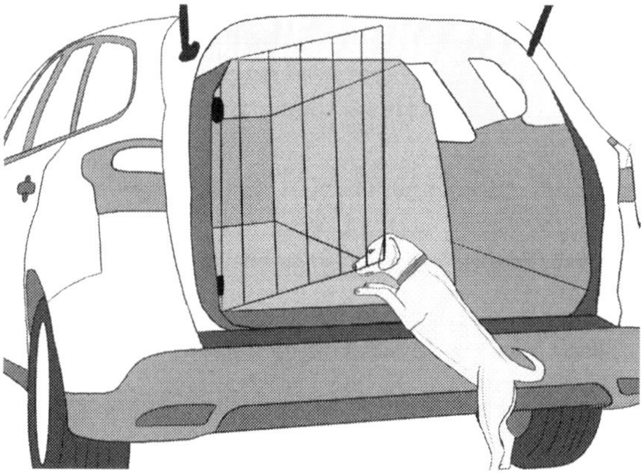

Beim Autofahren ist dein Welpe in einer Box sicher untergebracht. Zeige ihm, dass es angenehm ist, wenn er hineingeht. Statte die Box mit einer kuscheligen Decke und einem Spielzeug aus.

Damit er hineingeht, lege ihm ein gutes Leckerchen hinein. Lege es beim ersten Mal vorn in die Box, dann kann er es gut riechen und sehen. Holt er es sich, lobe ihn. Platziere das nächste Leckerchen weiter nach hinten. Hat er kein Problem damit, legst du es so weit nach hinten, dass er ganz hinein muss, um es zu erreichen. Dafür bekommt er ein großes Lob und ein Extrahäppchen. Die Boxentür bleibt noch offen.

Übe mit ihm, dass er länger in der Box bleibt. Kann dein Welpe das „Bleiben“ schon, fällt es ihm leicht. Wenn nicht, richte dich nach den Übungen unter „Länger sitzen bleiben“ und „Bleib“.

Ist es für deinen Racker normal geworden, dass er in der Box ist, kannst du die Tür schließen. Erst kurz, später für länger.

Falls dein Kleiner absolut nicht dazu zu überreden ist, in seine Box zu gehen, stellst du ihm seinen Futternapf hinein. Er bekommt ab sofort sein Futter nur noch in der Box. Stell den Napf erst vorn hin, dann weiter nach hinten.

Seine Box sollte überall mitkommen, wohin du mit deinem Welpen fährst. Mit seiner Box hat er unterwegs ein Zuhause, in dem er sich sicher und wohlfühlt.

Mit deinem Welpen im Auto unterwegs

Beim Autofahren musst du deinen Welpen sichern. Am besten geht das, wenn er entspannt in seiner vertrauten Box mitfährt. Der Handel bietet außerdem spezielle Gurtsysteme für Hunde an. An das Angebundensein musst du deinen Racker erst gewöhnen. Übe das im stehenden Auto. Du kennst das inzwischen schon, erst ein paar Sekunden, später länger.

Plane bei längeren Fahrten alle zwei Stunden eine Pause ein. Geh mit deinem Racker ein Stück spazieren. Es muss nicht weit sein, er möchte sich bewegen und sich lösen. Nimm ausreichend Wasser zum Trinken für ihn mit.

Ob du deinen Welpen vor oder während der Fahrt fütterst, musst du ausprobieren. Manche Welpen erbrechen sich dann, anderen macht es nichts aus.

Fast alle Hunde lieben das Autofahren. Einige reagieren ängstlich, die ungewohnten Bewegungen und das Motorengeräusch schüchtern sie ein. Ist das bei deinem Welpen der Fall, gewöhne ihn langsam ans Auto. Lass ihn den Innenraum deines stehenden Autos erkunden. Ist er entspannt, startest du den Motor. Hat er sich an das Geräusch gewöhnt, kannst du zu einer ersten kurzen Fahrt aufbrechen. Eventuell bittest du eine Person, die dein Kleiner gut kennt, euch zu begleiten. Die zweite Person kann, falls notwendig, deinen Racker beruhigen.

Erbricht sich dein Welpe beim Autofahren, kann es sein, dass er reisekrank ist. Das solltest du mit deinem Tierarzt abklären. Er kann ihm mit entsprechenden Medikamenten helfen, Reisetabletten gibt es auch für Hunde.

Lass deinen Welpen im Sommer nie, niemals im stehenden Auto zurück! Innerhalb von Sekunden wird aus deinem Auto ein Backofen!

Wenn Besuch kommt

Wie ist das bei dir? Es klingelt. Als Erstes stürzt dein Welpe begeistert bellend zur Tür. Kaum ist die Tür offen, wird dein Besucher freudig von ihm begrüßt. Der Besucher wird angesprungen und abgeleckt. Die meisten Besucher machen dieses Spiel auch noch mit. Sie kennen deinen süßen Fratz und haben entsprechend Leckerchen in der Tasche. Dein Kleiner wird ausführlich verwöhnt und gestreichelt. Nach ca. zwanzig Minuten haben sich Besucher und Welpe so weit beruhigt, dass sie zur Kenntnis nehmen, dass du auch noch da bist.

Wobei eventuell nicht alle Besucher davon begeistert sind, angesprungen und bedrängt zu werden.

Um solche Szenen zu vermeiden, stellst du von Anfang an die Regel auf, dass du als erster zur Tür gehst. Du öffnest die Tür und begrüßt deinen Besucher. Dein Welpe hält sich hinter dir auf. Auf ein Zeichen von dir darf er anschließend den Besuch begrüßen.

Hier musst du an zwei Fronten arbeiten. Zum einen, ist da dein ungeduldiger Welpe und zum anderen dein Besucher. Erkläre allen Freunden und Verwandten, wie sie sich verhalten sollen. Stürmt dein Racker an dir vorbei und kommt zuerst beim Besuch an, sollten die Besucher ihn ignorieren. Kein Leckerchen, kein „Oh ist der süß!“, kein Streicheln. Wie du anspringen vermeidest, hast du schon gelernt. Selbst wenn er jetzt bellt, ignorierst du das. Erst nachdem ihr euch begrüßt habt und dein Kleiner sich beruhigt hat, ist dein Welpe dran. Dann darf dein Besuch Leckerlis und Streicheleinheiten auspacken und mit deinem Welpen spielen.

Damit dein Welpe weiß, er muss warten, kannst du ihn in sein Körbchen schicken, wenn es klingelt. Oder du bringst ihm bei, hinter dir zu bleiben. Zum Üben brauchst du eine zweite Person, die die Klingel betätigt. Kennt dein Welpe das Kommando „Körbchen“ und bleibt darin, ist es einfach. Klingelt es, schickst du ihn ins Körbchen. Er wird sich angewöhnen, bei jedem Klingeln in seinem Körbchen zu verschwinden. Natürlich muss die Belohnung entsprechend hoch sein. Höher als der Reiz, den Besucher zu begrüßen.

In die Position hinter dich lockst du ihn anfangs mit einem Leckerli. Verbinde eine Handbewegung damit. Als Kommandowort eignet sich „Hinter“. Klappt das, kommt die Klingel ins Spiel. Will dein Welpe jetzt nach vorn, halte genug Leckerchen bereit, um ihn hinten zu halten. Zusätzlich kannst du ihn mit einer Bewegung deines Beines blocken.

Im Blumenbeet wird nicht gebuddelt

Dein Welpe ist ein Buddler und beschäftigt sich gern mit Ausgrabungsarbeiten? Das ist kein Problem, solange er nicht deine Blumenbeete umgräbt.

Bearbeitete Beete laden mit ihrer weichen Erde geradezu zum Buddeln ein. Hast du gerade am Beet gearbeitet, riecht es noch angenehm nach dir. Als Ausgleich bietest du deinem kleinen Erdarbeiter eine Buddelecke an. Achte darauf, dass in seiner Ecke lockerer Boden ohne scharfe Steine ist. Eventuell gräbst du eine Vertiefung, ca. zwei mal zwei Meter, und füllst sie mit einem Gemisch aus Sand und Erde. Versteck zwei bis drei Kaustreifen unter der Erde, das regt deinen Racker zum Buddeln an. Hat er sie gefunden, hat er Erfolg. Er hat Beute gemacht! Kleine

Jagdhunde, wie Terrier oder Dackel, graben sich Mauselöcher weiter auf, um an Beute zu kommen. Für sie ist dieses Verhalten völlig normal. So etwas Tolles findet er in deinen Beeten nicht. Schüttest du seine Löcher obendrein wieder zu, animiert ihn das, an der gleichen Stelle wieder zu graben. Eventuell musst du noch öfter leckere Sachen in seiner Buddelecke verstecken, um ihn von deinen Beeten fernzuhalten.

Die Regel, dass in deinen Beeten nicht gebuddelt wird, gilt vom ersten Tag an. Erwischst du deinen Racker beim Graben, heb ihn hoch und setz ihn in seine Buddelecke. Günstig ist jetzt, wenn du dir gemerkt hast, wo du die Goodies versteckt hast. Dann kannst du ihn zielgerichtet dort absetzten und zum Graben anregen. Fängt er an zu buddeln, lobst du ihn. Störe ihn beim Loben nicht bei seinen Grabearbeiten. Feuer ihn im Gegenteil noch zum Graben an.

Ist dein Kleiner älter und kennt schon ein Abbruchsignal, kannst du ihn damit von deinem Beet fernhalten. Schicke ihn als Alternative mit einer Handbewegung in seine Buddelecke.

Hast du keinen Garten und er versucht im Park die Blumenrabatten oder den Rasen aufzugraben, bietest du ihm alternativ ein fröhliches Spiel an.

Sollte dein Welpe buddeln, weil er nicht ausgelastet ist und Langeweile hat, musst du dich mehr mit ihm beschäftigen. Hier bieten sich Suchspiele an, bei denen er sich seine Beute erarbeiten kann. Binde ein Stück getrocknetes Fleisch oder Pansen an eine längere Schnur und zieh es ein paar Meter hinter dir her. Damit legst du eine Duftspur. Merk dir dabei unbedingt den Startpunkt. Am Ende bleibt die Beute liegen. Setz deinen Racker an den Startpunkt der Spur und lass ihn die Beute suchen. Beim ersten Versuch braucht er wahrscheinlich länger, bis er versteht, worum es geht. Hab Geduld und gib ihm Zeit, er lernt es. Die Beute darf er natürlich fressen.

Du kannst ihm auch eine Spur aus Trockenfutterbröckchen legen. Den Abstand der Bröckchen variierst du. Zu Anfang liegen sie dicht beieinander, im Abstand von ca. 20 cm. Hat dein Kleiner schon Erfahrung damit, kannst du den Abstand auf 50 cm, 1 m und noch weiter ausdehnen. Am Ende wartet seine Beute auf ihn. Ist die Beute ein Spielzeug, lass sie ihn stolz nach Hause tragen.

Achte darauf, dass er seine Beute am Schluss nicht verbuddelt.

Es wird nicht gebettelt

Welpen betteln, weil sie von Natur aus darauf angewiesen sind, dass die Mutter oder andere Rudelmitglieder ihnen Futter abgeben. Sie würden sonst verhungern.

Wenn deine Familie am Tisch sitzt und isst, macht dein Welpe Pause in seinem Körbchen. Gib seinem Dackelblick nie, niemals, überhaupt nicht, nach. Bleib standhaft und ignoriere ihn. Sprich im Vorfeld mit deiner Familie, dass der Kleine bei Tisch nichts bekommt, von niemandem. Hast du Gäste zum Essen, fällt auch denen nicht aus Versehen eine Scheibe Wurst oder ein halbes Steak herunter.

Wird seine Bettelei vom ersten Tag an ignoriert, verliert dein Welpe die Lust daran und lässt es sein. Hat er einmal gewonnen, hast du eine ständige Nervensäge neben deinem Stuhl.

Um es ihm leichter zu machen, füttere zuerst deinen Welpen, dann essen die Menschen. Dann ist dein Racker satt, wird schläfrig und ist zufrieden.

Betteln abgewöhnen

Hat sich bei deinem Welpen das Betteln schon etabliert, brauchst du viel Geduld, Zeit und noch mehr Konsequenz.

Als Erstes kommt dein inzwischen trainiertes Abbruchkommando zum Einsatz. Damit teilst du ihm mit, dass sein Betteln nicht erwünscht ist und er keinen Erfolg haben wird. Er wird es noch eine Zeit lang versuchen. Bekommt er nichts, gibt er früher oder später auf. Hier musst du die größere Geduld haben.

Kennt dein Kleiner schon sein Körbchen und bleibt darin, kannst du ihn während der Mahlzeiten dort „parken".

Bei der Zubereitung der Mahlzeiten fällt ebenfalls nichts vom Tisch. Auch hierbei bekommt dein Welpe nichts.

Er kann sich etwas Gutes verdienen. Lass ihn zwischendurch kleine Übungen machen, die er schon kann. Ruf ihn heran, schick ihn ins Körbchen, lass ihn einen Schritt neben dir sitzen usw.

Wir gehen ins Restaurant

Du möchtest deinen Welpen überall hin mitnehmen können? Mit etwas Übung lernt er, ruhig neben deinem Stuhl zu liegen und weder den Kellner noch andere Gäste zu belästigen.

Dein Welpe sollte schon etwas älter, fünf bis sechs Monate alt sein, bevor du ihn ins Restaurant mitnimmst. Jüngere Welpen sind mit den vielen fremden Reizen noch überfordert.

Voraussetzung ist, dass dein Kleiner schon gelernt hat, dass bei Tisch nicht gebettelt wird, andere Menschen weder angesprungen noch anderweitig belästigt werden und er sich längere Zeit ruhig neben dir aufhalten kann.

Besorge dir eine weiche Decke, eine dicke Matte, einen Teppich oder ein leichtes Körbchen für unterwegs. Etwas, auf dem dein Welpe es warm und bequem hat. Es macht keinen Spaß, auf dem nackten, kalten Fußboden zu liegen, während du gemütlich ein Eis verzehrst.

Locke deinen Racker mit einem Leckerchen auf seine Unterlage. Kann er schon für längere Zeit liegen bleiben, ist es leicht für ihn, jetzt darauf zu bleiben. Ist er noch nicht so weit, übe es, wie unter „länger liegen bleiben" beschrieben. Dein Welpe muss nicht zwingend liegen, er kann ebenso gut sitzen. Wichtig ist, dass er auf seiner Unterlage bleibt. Diese Unterlage ist von nun an euer ständiger Begleiter, wenn du auswärts essen gehst.

So ein Essen kann länger dauern. Erst kommt der Kellner ewig nicht zum Bestellen, dann dauert die Zubereitung noch eine Weile und bezahlen musst du auch noch. Mach deinem Welpen das Warten angenehm. Nimm ihm ein Spielzeug (kein quietschendes, das nervt die anderen Gäste), oder etwas zum Kauen mit. Ein Stück Trockenfleisch oder ein Büffelhautknochen sind optimal. Damit ist dein Racker eine Weile beschäftigt.

Wähle für eure ersten Restaurantbesuche Gaststätten aus, von denen du weißt, dass es schnell geht. Eventuell bestellst du beim ersten Mal nur ein Getränk. Die Räumlichkeiten sollten nicht allzu eng sein, dein Welpe könnte sich bedroht fühlen. Im Sommer bieten sich für die ersten Versuche Gaststätten an, wo du mit deinem Racker draußen sitzen kannst.

Dein Welpe muss zum Tierarzt

Ein Besuch beim Tierarzt ohne Vorbereitung ist für deinen Welpen stressig. Die fremde Umgebung, der Geruch nach Desinfektionsmitteln, merkwürdig gekleidete, fremde Menschen, all das bereitet ihm Unbehagen. Wahrscheinlich sind noch andere Tiere im Wartezimmer, die schon unangenehme Erfahrungen beim Tierarzt gemacht haben. Sie sind entsprechend ängstlich und unsicher. Diese Unsicherheit überträgt sich sofort auf deinen Kleinen. Ganz schlimm wird es für ihn, wenn du ebenfalls aufgeregt und unsicher bist. Die ganze Situation signalisiert ihm Gefahr. Der Tierarzt und seine Helfer werden nicht erbaut sein, wenn du als Nervenbündel mit einem total verängstigten Welpen im Behandlungszimmer erscheinst. Vor allem ist es für den Tierarzt dann unnötig schwer, deinen Welpen richtig und gründlich zu untersuchen.

Zu dieser Situation muss es nicht kommen. Euren ersten Besuch in der Tierarztpraxis kannst du vorbereiten.

Das fängt damit an, dass du den richtigen Arzt für deinen Welpen und dich auswählst.

Zu welchem Tierarzt gehe ich?

Du kannst der Einfachheit halber zum Tierarzt gehen, der gleich um die Ecke wohnt. Wenn er gut ist, seine Praxis mit allen notwendigen Geräten ausgestattet ist und du ihm vertraust, ist das in Ordnung.

Die Entfernung der Praxis zu deiner Wohnung sollte allerdings nicht das wichtigste Entscheidungskriterium sein. Viel wichtiger ist, ob der Arzt kompetent ist und sich gut mit Hunden auskennt. Auch unter Tierärzten gibt es Spezialisten. Sie behandeln zwar alle Tierarten, mit einigen kennen sie sich aber mehr aus, mit anderen weniger.

Von Vorteil ist weiterhin, wenn die Praxis über Röntgengerät und Ultraschall verfügt. Dann steht zur Behandlung alles zur Verfügung. Du brauchst nicht in eine fremde Praxis oder Tierklinik zu fahren, falls dein Kleiner geröntgt werden muss.

Der Tierarzt und seine Helfer sollten freundlich und hilfsbereit sein. Jeder kann einen schlechten Tag haben, trotzdem sollten auch Tierärzte die Höflichkeit nicht vergessen.

Es kann natürlich sein, dass der größte Muffelkopf gleichzeitig der beste Hundearzt im Umkreis von 80 km ist. Wenn sein Wartezimmer trotzdem immer voll ist, dann ist er wirklich gut. Dann kann er sich das Muffeln leisten.

Der Wartebereich sollte groß genug sein, dass sich mehrere Tiere dort mit ihrem Menschen aufhalten können, ohne sich zu belästigen. Du kommst mit deinem neugierigen Welpen und musst dich zwischen einen großen Hund und eine Katze quetschen. Der Hund ist schlecht gelaunt und verunsichert, weil er zum Tierarzt muss. Die Katze sitzt in ihrer Box und ist sauer, eben weil sie in der Box sitzen muss und keift vor sich hin. Gegenüber sitzt ein Mädchen und hat eine zahme Ratte im Arm. Wie soll sich dein Kleiner da entspannen?

Dass die Praxis sauber und ordentlich ist, sollte selbstverständlich sein.

Und nicht zuletzt musst du dich wohlfühlen.

Das alles zusammen in einer Praxis zu finden, ist nicht einfach. Frage Freunde und Bekannte, die einen Hund haben, nach ihren Erfahrungen und zu welchem Tierarzt sie gehen. Alle Tierärzte sind im Internet zu finden. Manche haben eine eigene Homepage oder du findest sie über Google oder im Tierarzt-Onlineverzeichnis. Hier kannst du dir Bewertungen anderer Tierhalter ansehen. Das hilft dir, deine Entscheidung zu treffen.

Hast du dir zwei oder drei Tierärzte ausgesucht, die infrage kommen, schau in ihrer Praxis vorbei. Dann kannst du die endgültige Entscheidung treffen.

Vor dem ersten Termin beim Tierarzt

Hast du dich entschieden, zu welchem Tierarzt du gehst, vereinbare einen Termin ohne wirklichen Termin. Damit ist gemeint, dass du dir mit deinem Racker die Praxis erst einmal anschaust. Günstig ist ein Termin kurz vor der eigentlichen Sprechstunde. Dann ist der Wartebereich noch leer, dein Kleiner kann ungestört herumlaufen und schnüffeln. Du kannst dich inzwischen entspannt mit den Tierarzthelfern unterhalten. Lass dir zum Beispiel erklären, wie die spätere Untersuchung deines Welpen ablaufen wird. Eventuell versucht dein Racker von sich aus Kontakt zu einem Helfer aufzunehmen. Lass es zu, es ist gut, wenn er sich von dem ungewohnt riechenden Menschen anfassen lässt. Vermeiden solltest du nur die bekannten „Hach ist der süß" Ausbrüche. Selbst Tierarzthelfer sind nicht immun gegen süße Hundebabys. Sonst passiert deinem Welpen bei diesem Besuch nichts. Eventuell ergattert er ein Leckerchen. In Tierarztpraxen steht immer eine Dose mit guten Sachen auf dem Anmeldetresen.

Bei einem zweiten Besuch darf dein Welpe ins Behandlungszimmer und dort schnüffeln.

Müsst ihr jetzt wirklich zu einer Behandlung, kennt dein Welpe das Umfeld und die Menschen dort schon. Er wird wesentlich entspannter sein. Das Gleiche gilt für dich. Auch Menschen sind in bekannter Umgebung entspannter.

Hab Vertrauen und entspanne dich

Um auf dem Weg zum Tierarzt und im Wartebereich ruhig und entspannt zu bleiben, rufe dir in Erinnerung, dass der Tierarzt deinem Welpen helfen will. Er kennt sich aus, er weiß, was zu tun ist. Er macht diesen Job schon viele Jahre und hat entsprechende Erfahrung. Du kannst ihm vertrauen, lass ihn seine Arbeit machen. Deinem Welpen passiert nichts, egal ob er eine Impfung bekommt oder eine Verletzung an der Pfote hat. Nach der Behandlung wird es ihm besser gehen.

Im Wartebereich

Manchmal musst du trotz vorher vereinbartem Termin länger warten. Nimm dir auf jeden Fall genug Zeit mit. Es kann sein, dass ein Notfall kommt oder der Tierarzt zu einem Notfall gerufen wird und kurz weg muss. Das ist natürlich wichtiger als die jährliche Impfung deines Welpen und du musst warten.

Dein Welpe muss ebenfalls warten und Warten gehört nicht zu den Stärken der meisten Welpen. Hilf ihm, die Zeit zu überbrücken. Sind nicht viele andere Patienten da, könnt ihr euch den Warte- und Eingangsbereich genauer anschauen.

Sind keine anderen Hunde oder Katzen anwesend, kannst du einen kleinen Ball rollen oder ein Zerrspielzeug hervorzaubern. Die anderen Hunde und Katzen würden das Spielzeug ebenfalls toll finden und es haben wollen. In kurzer Zeit wäre die schönste Rauferei im Gange.

Beschäftige deinen Welpen mit dem „Schau mich an" Spiel oder einer abgespeckten Version von „Fang das Spielie". Das Spielzeug ersetzt du mit einem Leckerchen. Dieses kannst du auf deinem Stuhl sitzend, hinter dir verstecken, unter einem Bein usw. Ist dein Kleiner zu aufgeregt zum Spielen, beruhige ihn durch sanftes Streicheln. Lass deine Hand langsam durch sein Fell gleiten. Erzähl ihm dabei leise eine Geschichte. Es ist egal, was du ihm erzählst, wichtig ist deine ruhige, vertraute Stimme.

Eventuell gehst du mit deinem Welpen kurz vor die Tür. Das solltest du auf jeden Fall tun, wenn die Atmosphäre in der Praxis zu stressig ist. Hinterleg deine Handynummer, dann kann die Praxishelferin dich informieren, falls ihr doch schneller dran seid, als erwartet.

Dann ist es geschafft, ihr werdet aufgerufen. Will dein Kleiner nicht mit dir mitgehen, nimm ihn auf den Arm.

Was passiert im Behandlungszimmer?

Im Behandlungszimmer angekommen, sind für euch zwei Dinge wichtig: der Behandlungstisch, er steht meistens frei in der Mitte, und die Waage. Alles andere ignorierst du.

Es kann sein, dass du deinen Kleinen zuerst auf die Waage setzen sollst. Gewicht, Alter und Rasse deines Hundes verraten dem Tierarzt viel über seinen Entwicklungsstand. Untergewicht könnte auf eine Krankheit hinweisen.

Dann setzt du deinen Welpen auf den Tisch. Der Tierarzt wird sich seine Augen anschauen, ins Schnäuzchen sehen und die Lefzen anheben. Er kontrolliert, ob mit den Zähnen und im Rachen alles in Ordnung ist. Dann sind die Ohren dran. Sind sie entzündet oder haben sich Parasiten eingenistet? Danach tastet er den Körper deines Welpen ab. Er fährt mit jeweils einer Hand auf einer Körperseite vom Hals bis zum Rutenansatz. Bei kleinen Rüden fühlt er anschließend, ob beide Hoden vorhanden sind oder sich einer im Bauchraum versteckt hat.

Er schaut sich das Fell deiner Fellnase an, ob eventuell Flöhe davon Besitz ergriffen haben. Abschießend misst er noch Fieber, um Infektionen auszuschließen.

Damit hat dein Racker seine erste Untersuchung beim Tierarzt überstanden. Falls eine Impfung ansteht, wird sie gleich mit erledigt.

Jetzt hat sich dein Welpe eine dicke Belohnung verdient. Es kann sein, dass er dir im Moment kein Leckerchen abnimmt. Dann ist er zu aufgeregt. Das ist nicht schlimm. Heb ihn vom Tisch und geh mit ihm raus. Das empfindet er im Moment als größte Belohnung.

Lass ihn nicht vom Tisch springen. Er könnte sich verletzen oder er gewöhnt sich an, während der Behandlung abzuspringen.

Auf keinen Fall darfst du deinen Welpen bedauern, selbst wenn er bei der Spritze kurz gejammert hat. Das würde ihn in seinem Schmerz bestätigen. Wenn dich jemand bedauert, wenn du dich in den Finger geschnitten hast, tut es gleich fürchterlich weh. Bekommst du dagegen zur Antwort: „Mach nicht so ein Drama, ist doch nur ein kleiner Schnitt!", ist alles nur halb so schlimm. Sag deinem Welpen. „Alles ist gut." oder „Ist doch gar nichts passiert." und geh mit ihm raus.

Was dein Welpe beim Tierarzt können sollte

Diese Übungen solltest du nach und nach in deinen Trainingsplan mit aufnehmen. Dein Welpe muss nicht alle sofort können. Du kannst nach Bedarf andere Übungen dazunehmen oder welche weglassen.

Generell gilt, je mehr dein Welpe von diesen Dingen kann, umso stressfreier wird euer nächster Besuch beim Tierarzt sein.

Einen Moment auf der Waage sitzen oder stehen

Das sollte kein Problem sein, wenn er gelernt hat auf seiner Decke zu sitzen oder zu liegen. Nimm seine Decke mit zum Tierarzt und leg sie auf die Waage. Dein Zwerg wird gern darauf sitzen. Die Decke wiegt der Tierarzt noch einmal extra und zieht ihr Gewicht vom Gesamtgewicht ab.

Wie du deinen Welpen überredest, auf seiner Decke zu sitzen und dort zu bleiben, kannst du unter „Wir gehen ins Restaurant“ nachlesen.

Auf den Tisch heben

Hierbei geht es darum, dass du den richtigen Griff anwendest, um deinen Racker sicher hochzuheben.

Dein Welpe steht vor dir, sein Kopf weist nach links. Du legst deinen linken Arm unterhalb seiner Brust um seinen Körper. Seine Vorderbeine befinden sich unter seinem Körper, innerhalb des Halbkreises, den du mit deinem Arm beschreibst. Deinen rechten Arm legst du unterhalb des Beckens um seinen Körper.

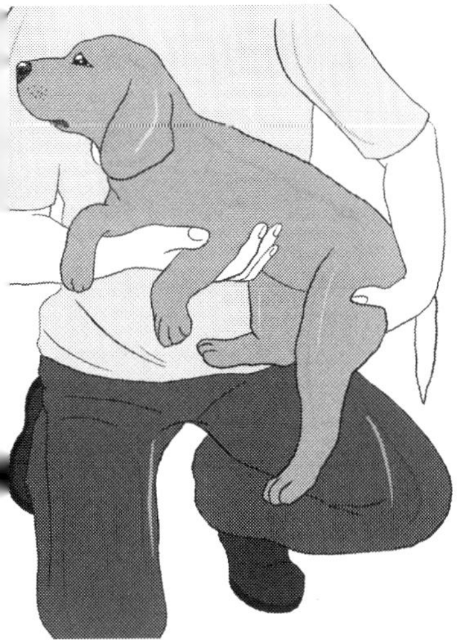

Je nach Größe deines Welpen berühren sich deine Hände. Bei Welpen kleiner Rassen brauchst du eventuell nur deine Hände um den winzigen Körper zu legen.

Wichtig ist, dass sich alle vier Welpenbeine innerhalb der Umarmung, unter dem Welpenbauch, befinden. Jetzt kannst du deinen Kleinen sicher hochheben. Es werden weder die Rippen noch innere Organe gequetscht.

Fühlt sich dein Welpe in dieser Position unsicher, fange damit an, dass du erst einen Arm kurz um den Vorderkörper legst. Akzeptiert er das, kommt dein zweiter Arm dazu. Klappt das, kannst du zuerst so tun, als ob du ihn hochhebst. Achte darauf, dass seine Beine noch am Boden sind. Später hebst du ihn jedes Mal ein Stück höher.

Mit demselben Griff hebst du ihn nach der Behandlung wieder von Tisch.

Kurz festgehalten, fixiert werden

Druck erzeugt immer Gegendruck. Hältst du bei deinem Welpen ohne Training den Kopf fest, wehrt er sich wahrscheinlich dagegen. Es ist ihm unangenehm. Während einer Behandlung ist es teilweise notwendig, dass er kurz festgehalten wird.

Fange, wie immer, ganz langsam an. Hier brauchst du zum Üben eine Hilfsperson, die deinem Racker die Leckerchen gibt. Du hast keine Hand frei. Fixiere seinen Kopf oder seine Brust, es ist egal mit welchem Körperteil du beginnst, ganz leicht mit deinen Händen. Beim Kopffixieren legst du eine Hand unter seinen Unterkiefer und die andere Hand von oben auf den Kopf. Bleibt er ruhig, kommt dein Markerwort und ein Leckerchen. Übe weiter, indem du etwas mehr Druck ausübst oder die Zeit ausdehnst. Denke immer an das Markerwort/Leckerchen und geh in kleinen Schritten vorwärts. Halte deinen Racker nie mit Gewalt fest, er würde nur lernen, sich dagegen zu wehren.

Habt ihr beide eine gute Bindung aufgebaut und dein Welpe hat Vertrauen zu dir, fällt es ihm leichter, von dir festgehalten zu werden.

Die Lefzen anheben lassen

Als Lefzen werden die Lippen beim Hund bezeichnet. Der Tierarzt hebt sie hoch, damit er sich die Zähnchen und das Zahnfleisch deines Welpen von außen anschauen kann.

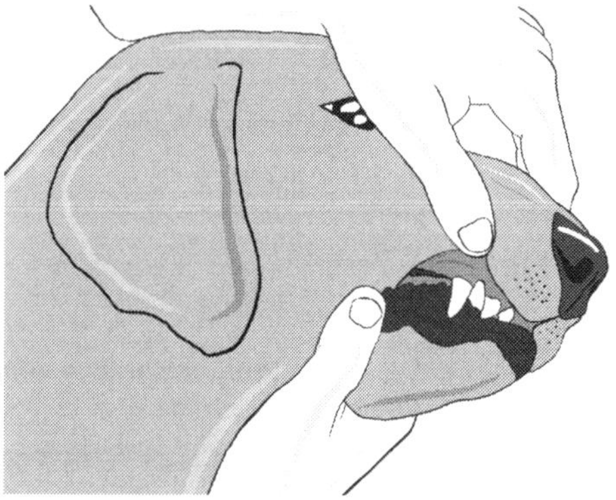

Mit dem Anheben der Lefzen kannst du schon beim ganz jungen Welpen beginnen. Berühre spielerisch während eurer Streichel- und Knuddeleinheiten seine Lefzen. Beachtet er das nicht mehr, kannst du sie kurz hochschieben. Tu einfach, als wäre das ganz normal, dann wird es auch dein Racker als normal ansehen.

Später hältst du seine Lefzen länger oben und schaust dir interessiert seine Zähnchen an. Klappt das bei dir, bittest du eine andere Person, deinem Welpen die Lefzen hochzuheben. Achte darauf, dass die Person sich nicht auf deinen Kleinen stürzt und ihm sofort am Schnäuzchen rumfummelt. Das würde schiefgehen. Die Person soll deinen Racker erst an der Seite streicheln und sich Richtung Schnäuzchen vorarbeiten.

So gehst du ebenfalls vor, wenn dein Welpe bei Übungsbeginn schon älter ist. Streichel ihn und geh mit deiner Hand ganz entspannt Richtung Kopf und Schnäuzchen. Fühlt sich dein Kleiner unwohl, beende die Übung. Versuche es später erneut. Arbeite dich zentimeterweise an die Lefzen heran, bis du sie berühren kannst. Tut sich dein Welpe schwer bei dieser Übung, bekommt er bei der Lefzenberührung sein Markerwort und ein Leckerchen.

Schnäuzchen öffnen und Zähnchen anschauen

Bei jungen Welpen kannst du beim Kuscheln abends vor dem Fernseher deine Hand von der Seite her in sein Schnäuzchen schieben. Er wird es von selbst öffnen. Lobe ihn dafür.

Mach es dir zur Gewohnheit, ab und zu in sein Schnäuzchen zu schauen. So wird es für ihn ganz normal sein.

Ist dein Welpe schon älter, kannst du ebenfalls versuchen, deine Hand von der Seite zwischen seine Zähne zu schieben. Hat dein Welpe Vertrauen zu dir, wird er die Schnauze öffnen. Falls nicht, brauchst du etwas Geduld. Versuche es erneut, wenn dein Racker ganz entspannt ist. Eventuell kitzelst du ihn ein wenig am Unterkiefer. Öffnet er sein Schnäuzchen, kommt dein Markerwort und ein Leckerli.

Funktioniert das nicht, hältst du seinen Kopf mit einer Hand unter dem Kinn fest. Mit der anderen Hand fasst du über seinen Nasenrücken. Dein Daumen ist auf der einen Seite der Schnauze, die Finger auf der anderen. Hebe die Lefzen an. Drücke leicht mit dem Daumen auf der einen Seite und mit dem Zeigefinger auf der anderen Seite zwischen Unter- und Oberkiefer im Bereich der Backenzähne und öffne das Schnäuzchen. Diese Übung musst du wieder in viele Einzelschritte unterteilen. Deine Hand unter dem Kinn kennt er schon. Jetzt kommt deine andere Hand oben auf dem Nasenrücken dazu. Erst kurz und ganz leicht, dann länger. Lobe ihn bei jedem winzigen Fortschritt. Die Lefzen anheben, kennt er ebenfalls. Dann berührst du seine Zähne. Später kommt etwas Druck dazu, bis er sein Schnäuzchen öffnet.

Wende nie Gewalt an, dann würde dein Welpe seine Zähne zusammenbeißen und nicht öffnen.

Du kannst das Kommando „Zähne“ verwenden, wenn dein Kleiner das Schnäuzchen öffnen soll.

In die Ohren schauen

Das kannst du ebenfalls in den Kuschelzeiten üben. Deine Hand kommt ganz von selbst beim Welpenöhrchen an. Das ist völlig normal. Nimm sein Ohr in die Hand, massiere es leicht zwischen Daumen und Zeigefinger. Das wird er lieben. Hat dein Racker Schlapp- oder Knickohren, heb das Ohr an und schau darunter. In die Ohren schauen solltest du immer wieder zwischendurch üben.

Am ganzen Körper anfassen

Vertraut dir dein Welpe und kuschelt ihr viel, sollte das kein Problem sein. Berühre ihn beim Streicheln und Kuscheln am ganzen Körper, inklusive Rute, Hoden, Pfötchen, Zehen, Schnauze und Ohren.

Kennt dein Welpe das nicht, streichelst du ihn dort, wo er es gewohnt ist. Von dort gehst du langsam mit deinen Streicheleinheiten weiter in Richtung der Körperteile, die du bis jetzt noch nicht angefasst hast. Achte darauf, dass dein Racker sich dabei wohlfühlt. Wird er unsicher, streichle ihn wieder an den gewohnten Stellen. Versuche es später erneut. Langsam eroberst du auf diese Art alle Regionen seines Körpers.

Manche Welpen haben Körperstellen, an denen sie sich nicht gern berühren lassen. Oft ist es die Rute. Arbeite dich langsam am Rücken Richtung Rute vor. Lobe ihn und gib ihm Leckerchen, wenn er sich am Rutenansatz anfassen lässt. Am nächsten Tag darfst du eventuell schon den ersten Zentimeter Rute berühren. Wenn nicht, klappt das am zweiten Tag. Dafür gibt es wieder ein dickes Lob. Ein paar Tage später sollte sich dein Racker an der Rute anfassen lassen.

Fieber messen

Ein Fieberthermometer gehört in jede Hundeapotheke. Verwende es öfter, miss bei deinem Welpen die Temperatur. Dann kennt er die Prozedur und du kennst seine normale Körpertemperatur. Dann erkennst du sicherer, ob er im Krankheitsfall erhöhte Temperatur hat oder nicht. Um es ihm angenehmer zu machen, kannst du das Thermometer vorn mit Vaseline einschmieren.

Auf dem Tisch stehen und sitzen, auf dem Bauch und auf der Seite liegen

Wie du deinen Welpen auf den Behandlungstisch hebst, hast du schon gelernt. Jetzt geht es darum, dass dein Racker oben bleibt, steht, sitzt, auf dem Bauch oder auf der Seite liegt.

Verwende zum Üben einen Garten- oder Klapptisch, du musst nicht deinen Wohnzimmertisch nehmen.

Ist dein Welpe auf dem Tisch, mach es ihm angenehm. Lobe ihn, gib ihm Leckerchen. Er soll es toll finden, seine Körperhaltung ist erst einmal egal. Hat er sich daran gewöhnt, bringst du ihn mit den Kommandos „Sitz“ und „Platz“ zum Sitzen und auf dem Bauch liegen. Wieder gibt es Leckerchen.

Damit dein Welpe stehen bleibt, hältst du eine Hand unter seinem Bauch. Dann kann er sich nicht hinsetzen. Gleichzeitig fütterst du mit der anderen Hand Leckerchen. Die Abstände zwischen den Leckerchen werden nach und nach länger.

Im Stehen wird dein Welpe abgetastet und Fieber wird gemessen. Zähne und Ohren kann der Tierarzt auch beim sitzenden Hund anschauen.

Manchmal kann es notwendig sein, dass dein Welpe für eine Untersuchung auf der Seite liegt. Es ist besser, wenn er das von sich aus macht, als wenn der Tierarzt und sein Helfer ihm die Beinchen packen und zur Seite wegziehen, damit er sich hinlegt. Wie würdest du dich fühlen? Plötzlich kommen zwei Typen, einer hält dich fest und der andere zieht dir die Beine weg. Dann legen sie dich auf die Seite und halten dich fest!

Es ist besser, wenn du das vorher übst. Dein Welpe liegt im „Platz“. Du hast ein Leckerchen in der Hand. Halte die Hand vor seine Nase. So, dass er nicht aufsteht. Das wird dein Racker interessant finden. Geh jetzt mit deiner Hand seitlich am Welpenkopf vorbei. Die Welpennase und der ganze Welpenkopf werden ihr folgen. Lobe ihn und gib ihm das Leckerchen. Nach ein paar Wiederholungen bekommt er das Leckerchen nicht mehr. Du behältst es in der Hand. Der Welpenkopf ist zur Seite gedreht, du gehst mit deiner Leckerlihand in Richtung Welpennacken. Dein Welpe wird sich zur Seite fallen lassen, um es zu erreichen. Damit hast du geschafft, was du wolltest. Dein Welpe liegt entspannt auf der Seite. Zum Festigen der Übung braucht ihr noch mehrere Wiederholungen. Du kannst das Kommando „Seite“ verwenden.

„Seite“ musst du nicht zwingend auf dem Tisch üben. Du kannst es, wie alle anderen Übungen, immer wieder zwischendurch trainieren.

Wenn sich dein Kleiner auf dem Tisch sicher fühlt, kannst du anfangen, ihm auf dem Tisch ins Schnäuzchen und in die Ohren zu schauen, ihn abzutasten usw. Funktioniert das, bittest du andere Personen um Mithilfe. Dann lernt dein Zwerg, dass es nicht schlimm ist, wenn andere Menschen, auch fremde, ihm ins Öhrchen schauen oder seine Zähnchen ansehen.

Pfötchen hochheben

Dein Welpe hat sich die Pfote verletzt oder die Krallen müssen geschnitten werden. Kann dein Racker sein Pfötchen heben und gestattet, dass es einen Moment festgehalten wird, haben es Tierarzt und Welpe wesentlich leichter.

Bei den Vorderpfötchen ist es einfach. Dein Welpe sitzt vor dir, du kniest oder sitzt auf dem Boden. In einer geschlossenen Hand hast du ein gutes Leckerchen. Soll dein Racker sein linkes Pfötchen heben, hast du das Leckerchen in deiner rechten Hand. Beim rechten Pfötchen entsprechend in der linken Hand.

Halte die Leckerchenhand vor den Brustkorb deines Welpen. Er wird versuchen, es zu ergattern. Mit Schnauze und Zähnchen funktioniert es nicht. Deine Hand bleibt geschlossen, auch wenn er daran herum knabbert. Merkt dein Racker, dass er auf diesem Weg nicht zum Ziel kommt, wird er als Nächstes seine Pfote einsetzten. Das ist der Moment, auf den du gewartet hast! Sowie er die Pfote hebt, auch wenn es nur ein paar Zentimeter sind, kommt dein Markerwort und er bekommt sein Leckerchen. Er wird schnell lernen, dass er Erfolg hat, wenn er sein Pfötchen hebt. Hier passt das Kommando „Pfötchen“.

Klappt das, kannst du anfangen, das erhobene Pfötchen kurz anzufassen. Übe weiter, bis dein Racker sich das Pfötchen festhalten lässt. Taste mit der anderen Hand seine Zehen ab und schau dir seine Fußballen an.

Die Hinterbeine untersucht der Tierarzt, wenn dein Welpe auf der Seite liegt. Dann hat deine Fellnase es bequemer, als wenn er die ganze Zeit auf drei Beinen stehen müsste.

An den Maulkorb gewöhnen

Welpen größerer Rassen solltest du frühzeitig an einen Maulkorb gewöhnen. Den brauch er nicht nur beim Tierarzt, eventuell fährst du mit ihm in öffentlichen Verkehrsmitteln. Dort sollte er ihn aus Sicherheitsgründen ebenfalls tragen. Einen kleinen Hund kannst du auf den Arm nehmen, wenn es voll wird. Ein großer Hund, der auf dem Boden liegt, wird im Gedränge leicht übersehen. Es kann passieren, dass ihn jemand aus Versehen tritt oder ungünstig anrempelt. Dein Hund könnte sich erschrecken oder bedroht fühlen und zuschnappen.

Wähle möglichst einen weichen Maulkorb, der genau passt. Das macht es deinem Racker angenehmer, wenn er ihn tragen muss. Zeig ihm den Maulkorb erst und lass ihn daran schnüffeln. Dann setzt du ihn deinem Welpen kurz auf, ohne ihn zuzumachen. Lobe deinen Kleinen und sag ihm, wie schick er damit aussieht! Nimm den Maulkorb nach ein paar Sekunden wieder ab. Nachdem dein Welpe das akzeptiert, bleibt der Maulkorb etwas länger an. Lobe ihn. Jetzt wird es Zeit, den Maulkorb zu schließen. Spiel mit ihm, knuddele mit ihm, während er den Maulkorb trägt. Dann verbindet dein Racker etwas Angenehmes mit dem Tragen des Maulkorbes und nicht: „Igitt ich muss schon wieder zum Tierarzt!“

Kooperationssignal

Im Medical Training wird gern ein Kooperationssignal verwendet. Dein Welpe lernt zu tolerieren, dass der Tierarzt ihn untersucht und bleibt entspannt dabei.

Ein Kooperationssignal einzuüben dauert lange und du musst in winzig kleinen Schritten vorgehen.

Für den Tierarztbesuch hat sich bewährt, dass dein Welpe sein Kinn in deine offene Hand legt und so stehenbleibt. Du musst diese Position so positiv wie möglich bestätigen, dein Kleiner soll sich entspannen und sich sicher fühlen.

Zeig deinem Welpen deine offene Hand. Er ist neugierig und wird herankommen. Stupst er sie mit der Schnauze an, bekommt er sein Markerwort und ein tolles Leckerchen.

Als Nächstes lernt er, den Unterkiefer in deine Hand zu legen. Deine Hand ist offen, die Handfläche zeigt nach oben, deine Finger sind leicht nach oben gewölbt. Halte sie in der Höhe des Schnäuzchens deines Welpen. Lade ihn geradezu ein, sein Schnäuzchen hineinzulegen. Dein Racker weiß, dass er ein Leckerchen bekommt, wenn er deine Handfläche mit der Schnauze berührt. In dem Moment, in dem er mit seinem Schnäuzchen kommt, kommt deine andere Hand von unten und hält das Leckerchen so, dass er es nur erreichen kann, wenn er seine Nase über deine offene Handfläche schiebt. Sein Kinn und Unterkiefer liegen auf deiner Hand. Juhu, Markerwort und ganz tolles Leckerchen.

Bei den ersten Versuchen kann es sein, dass er seine Schnauze von deiner ausgestreckten Hand nimmt, um an das Leckerchen zu kommen. Dann bekommt er nichts. Überprüfe, wie du das Leckerchen hältst. Kommt er wirklich nur dann dran, wenn er seine Schnauze in deine Hand schiebt oder hältst du es zu hoch oder zu niedrig?

Als Nächstes dehnst du die Zeit aus. Der Kopf deines Kleinen soll mehrere Minuten auf deiner Hand liegen.

Diese Position, Welpenkopf in deiner Hand, musst du festigen. Er bekommt sehr, sehr gute Leckerchen. Lass dir Zeit. Klappt das wirklich sicher, kannst du einen Schritt weitergehen.

Der Welpenkopf liegt auf deiner Hand. In der anderen Hand hast du ein Spielzeug oder ein Leckerchen. Zeige es ihm. Bleibt sein Kopf weiter in deiner Hand, belohne ihn.

Später kannst du das Spielzeug oder Leckerchen hochwerfen oder damit hantieren, soweit das mit einer Hand geht. Noch später bittest du jemanden, damit zu spielen. Dein Welpe bekommt nur dann eine tolle Belohnung, wenn sein Kopf weiterhin in deiner Hand bleibt. Du musst mit einer wirklich super Belohnung auffahren, sonst wird es nicht funktionieren. Das, was hier in vier Sätzen steht, wird Wochen, eventuell Monate dauern. Lass dir und deinem Welpen Zeit, bis er es wirklich verstanden hat.

Dann bittest du jemanden, deinen Racker anzufassen, ihm in die Öhrchen zu schauen usw., während sein Kopf auf deiner Hand liegt. Hast du alles richtig gemacht, bleibt er entspannt und locker dabei.

Zwei kleine Tipps zum Schluss

Tipp 1:

Nimm seine Decke mit, wenn dein Welpe zum Tierarzt muss. Leg sie auf den Behandlungstisch, bevor du deinen Kleinen hochhebst. Die Oberfläche von Behandlungstischen ist kalt, fremd und rutschig. Seine Decke ist deinem Racker vertraut, sie ist warm und er kennt ihren Geruch. Er fühlt sich damit sicherer.

Tipp 2:

Nimm deinen Welpen jedes Mal mit, wenn du in die Praxis gehst. Ob du ein Medikament abholst oder eine Auskunft brauchst. Dein Kleiner lernt den Gang zur Praxis als normal einzustufen. Er wird nicht unterwegs schon unruhig.

Bevor du das Buch weglegst, noch eine Bitte!

Es gibt viele tausend Ratgeber und oft ist es schwer, den für sich passenden zu finden. Hilfreich sind hierbei ehrliche und aussagekräftige Rezensionen. Daher ist unsere Bitte:

Hilf anderen Kunden, unseren Ratgeber zu finden und erleichtere ihnen die Kaufentscheidung.

Nimm dir einen Moment Zeit und logge dich auf Amazon ein. Navigiere zu »Meine Bestellungen« und klicke neben dem Buchtitel auf »Schreiben Sie eine Produktrezension«.

Vielen Dank!

Kleines Schlusswort

Einen Welpen beim Aufwachsen zu begleiten und mit ihm seine Welt zu entdecken, macht irre viel Spaß. Genießt die schöne und spannende Zeit zusammen und freu dich auf eine lange, intensive Freundschaft mit deinem neuen Familienmitglied.

Über die Autorin

Einen wichtigen Teil im Leben der Autorin nehmen ihre Hunde und ihr Pferd, ein Isländer Pony, ein. Sie ist Agility-Trainerin im Hundeverein und auch aktive Agility-Sportlerin. Nach knapp zehn Jahren Praxis im Hundesport kennt sie die Fragen, die immer wieder in den Welpenstunden auftauchen.

Bildnachweise

Adobe-Stock-Material:

© #CNF #57191229
© Donna White #150244493
© DoraZett #71233238
© Ermolaeva Olga #311995890
© FourLeafLover #305460254
© grafikplusfoto #69466136
© ivan kmit #179865121
© kazy #288416121
© Kristina Blokhin #232227716
© M #305464337
© majivecka #323925138
© melounix #203578623
© milanmarkovic78 #64412593
© Nadine Haase #34937840
© Natalia #206390721
© okalinichenko # 62827949
© okeanaslt #58790685
© otsphoto #314069464 #310911461
© Pixel-Shot #305156761
© projects_s #135017891
© prystai #232508265
© reichdernatur #130981447 #105503265
© Rita Kochmarjova #64897766 #195276899
© sachix #221470972
© Sandra #254860190
© tiagozr #91991366
© Valeriy Volkonskiy #303396820
© VectorMine #356838552

Cover-Bild: Von Erlo Brown / Shutterstock

Rechtlicher Haftungsausschluss: Dieses Buch enthält Meinungen und Ideen des Autors und hat die Absicht, Menschen hilfreiches und informatives Wissen zu vermitteln. Die enthaltenen Anleitungen passen möglicherweise nicht für jeden Anwendungsfall, daher besteht keine Garantie, dass diese problemlos funktionieren. Die Benutzung dieses Buches und die Umsetzung der darin enthaltenen Informationen erfolgen ausdrücklich auf eigenes Risiko. Haftungsansprüche gegenüber dem Verleger und Autor für Schäden materieller oder ideeller Art, die durch die Nutzung fehlerhafter und / oder unvollständiger Informationen verursacht wurden, sind ausdrücklich ausgeschlossen. Das Werk – inklusive aller Inhalte – gewährt keine Garantie oder Gewähr für Aktualität, Korrektheit, Vollständigkeit und Qualität der bereitgestellten Informationen. Druckfehler und Fehlinformationen können nicht vollständig ausgeschlossen werden.

Bei gesundheitlichen Fragen, Beschwerden oder Problemen konsultieren Sie immer Ihren Arzt!

Werde selbst Autor!

Du hast den Ratgeber »Das Welpen-Versteh-Buch« mit Freude gelesen und dir schon öfter gedacht: »Einen Ratgeber würde ich auch gerne mal schreiben. Spuren in den Köpfen und Leben anderer Menschen hinterlassen und diese mit meinem Wissen unterstützen…das wäre was!«

Dann ergreife jetzt die Initiative und kontaktieren uns. Wir sind ein aufstrebender Ratgeber-Verlag und suchen immer kluge Köpfe mit Leidenschaft, die mit ihrem wertvollen Beitrag die Herzen unserer Leser höherschlagen lassen.

Schreibe einfach eine Mail an meinersterhund.verlag@gmail.com mit dem Stichwort »Bewerbung Autor« und du erhältst alle weiteren Infos. Wir freuen uns auf dich!

Tom Bernhardt

Im Namen des Verlagsteams

Tom Bernhardt

Impressum

Tom Bernhardt, Spittelleite 6, 96450 Coburg, tom.ber@live.de

Lektorat: Heidrun Schwinger

Illustrationen: IG @mihaidragan_

Layout & Satz: Julia Grün

Printed by Amazon Italia Logistica S.r.l.
Torrazza Piemonte (TO), Italy

31705238R00107